国家智库报告 2019（32）
National Think Tank

中国非洲研究院文库·智库系列

非洲华侨华人报告

李新烽　[南非]格雷戈里·休斯敦　等著

REPORT ON OVERSEAS CHINESE IN AFRICA

中国社会科学出版社

图书在版编目(CIP)数据

非洲华侨华人报告 / 李新烽等著 . —北京:中国社会科学出版社,2019.10
(国家智库报告)
ISBN 978-7-5203-5455-4

Ⅰ.①非⋯　Ⅱ.①李⋯　Ⅲ.①华侨状况—研究报告—非洲
②华人—研究报告—非洲　Ⅳ.①D634.34

中国版本图书馆 CIP 数据核字(2019)第 233482 号

出 版 人	赵剑英
项目统筹	王　茵
责任编辑	喻　苗
特约编辑	孙　萍
责任校对	闫　萃
责任印制	李寡寡

出　　版	中国社会科学出版社
社　　址	北京鼓楼西大街甲 158 号
邮　　编	100720
网　　址	http://www.csspw.cn
发 行 部	010-84083685
门 市 部	010-84029450
经　　销	新华书店及其他书店

印刷装订	北京君升印刷有限公司
版　　次	2019 年 10 月第 1 版
印　　次	2019 年 10 月第 1 次印刷

开　　本	787×1092　1/16
印　　张	11.25
插　　页	2
字　　数	115 千字
定　　价	59.00 元

凡购买中国社会科学出版社图书,如有质量问题请与本社营销中心联系调换
电话:010-84083683
版权所有　侵权必究

充分发挥智库作用
助力中非友好合作

——《中国非洲研究院文库》总序

当今世界正面临百年未有之大变局。世界多极化、经济全球化、社会信息化、文化多样化深入发展，和平、发展、合作、共赢成为人类社会共同的诉求，构建人类命运共同体成为各国人民共同的愿望。与此同时，大国博弈激烈，地区冲突不断，恐怖主义难除，发展失衡严重，气候变化凸显，单边主义和贸易保护主义抬头，人类面临许多共同挑战。中国是世界上最大的发展中国家，是人类和平与发展事业的建设者、贡献者和维护者。2017年10月中共十九大胜利召开，引领中国发展踏上新的伟大征程。在习近平新时代中国特色社会主义思想指引下，中国人民正在为实现"两个一百年"奋斗目标和中华民族伟大复兴的"中国梦"而奋发努力，同时继续努力为人类做出新的更大的贡献。非洲是发展中国家最集中的大陆，是维护世界和平、促进全球发展的重要力量之一。近年来非洲在自主可持续发展、联合自强道路上取得了可喜进展，从西方眼中"没有希望的大陆"变成了"充满希望的大陆"，成为"奔跑的雄狮"。非洲各国正在积极探索适合自身国情的发展道路，非洲人民正在为实现"2063年议程"与和平繁荣的"非洲梦"而努力奋斗。

中国与非洲传统友谊源远流长，中非历来是命运共同体。中国高度重视发展中非关系，2013年3月习近平同志担任国家主席后首次出访就选择了非洲，2018年7月习近平同志连任国家主席后首次出访仍然选择了非洲。6年间，习近平主席先后4次踏上非洲大陆，访问坦桑尼亚、南非、塞内加尔等8国，向世界表明中国对中非传统友谊倍加珍惜，对非洲和中非关系高度重视。2018年中非合作论坛北京峰会成功召开。习近平主席在此次峰会上，揭示了中非团结合作的本质特征，指明了中非关系发展的前进方向，规划了中非共同发展的具体路径，极大完善并创新了中国对非政策的理论框架和思想体系，成为习近平外交思想的重要理论创新成果，为未来中非关系的发展提供了强大政治遵循和行动指南，是中非关系发展史上又一次具有里程碑意义的盛会。

随着中非合作蓬勃发展，国际社会对中非关系的关注度不断加大，出于对中国在非洲影响力不断上升的担忧，西方国家不时泛起一些肆意抹黑、诋毁中非关系的奇谈怪论，诸如"新殖民主义论""资源争夺论""债务陷阱论"等，给中非关系发展带来一定程度的干扰。在此背景下，学术界加强对非洲和中非关系的研究，及时推出相关研究成果，提升国际话语权，展示中非务实合作的丰硕成果，客观积极地反映中非关系良好发展，向世界发出中国声音，显得日益紧迫重要。

中国社会科学院以习近平新时代中国特色社会主义思想为指导，按照习近平主席的要求，努力建设马克思主义理论阵地，发挥为党和国家决策服务的思想库作用，努力为构建中国特色哲学社会科学学科体系、学术体系、话语体系做出新的更大贡献，不断增强我国哲学社会科学的国际影响力。我院西亚非洲研究所是根据毛泽东主席批示成立的区域性研究机构，长期致力于非洲问题和中非关系研究，基础研究和应用研究并重，出版发表了大量学术专著和论文，在国内外的影响力不断扩大。以西亚非洲研究所为主体于2019年4月成立的中国非洲研究院，是习近平主席在中非合作论坛北京峰会上宣布的加强中非人文交流行动的重要举措。

按照习近平主席致中国非洲研究院成立贺信精神，

中非研究院的宗旨是：汇聚中非学术智库资源，深化中非文明互鉴，加强治国理政和发展经验交流，为中非和中非同其他各方的合作集思广益、建言献策，增进中非人民相互了解和友谊，为中非共同推进"一带一路"合作，共同建设面向未来的中非全面战略合作伙伴关系，共同构筑更加紧密的中非命运共同体提供智力支持和人才支撑。中国非洲研究院有四大功能：一是发挥交流平台作用，密切中非学术交往。办好"非洲讲坛""中国讲坛"，创办"中非文明对话大会"。二是发挥研究基地作用，聚焦共建"一带一路"。开展中非合作研究，定期发布研究课题及其成果。三是发挥人才高地作用，培养高端专业人才。开展学历学位教育，实施中非学者互访项目。四是发挥传播窗口作用，讲好中非友好故事。办好中英文中国非洲研究院网站，创办多语种《中国非洲学刊》。利用关于非洲政治、经济、国际关系、社会文化、民族宗教、安全等领域的研究优势，以及编辑、图书信息和综合协调实力，以学科建设为基础，加强学术型高端智库建设。

为贯彻落实习近平主席的贺信精神，更好汇聚中非学术智库资源，团结非洲学者，引领中国非洲研究工作者提高学术水平和创新能力，推动相关非洲学科融合发展，推出精品力作，同时重视加强学术道德建设，中国非洲研究院面向全国非洲研究学界，坚持立足中国，放眼世界，特设"中国非洲研究院文库"。"中国非洲研究院文库"由中国非洲研究院统一组织出版，下设多个系列丛书："学术著作"系反映非洲发展问题、发展道路及中非合作等系统性专题研究成果；"经典译丛"主要把非洲学者有关非洲问题研究的经典学术著作翻译成中文出版，力图全面反映非洲本土学者的学术水平、学术观点和对自身的认识；"法律译丛"即翻译出版非洲国家的投资法、仲裁法等重要法律法规；"智库报告"以中非关系为研究主线，为新时代中非关系顺利发展提供学术视角和智库建议；"研究论丛"基于国际格局新变化、中国特色社会主义进入新时代，集结中国专家学者对非洲发展重大问题和中非关系的创新性学术论文。

期待中国的非洲研究和非洲的中国研究在中国非洲研究院成立的新的历史起点上，凝聚国内研究力量，联合非洲各国专家学者，开拓进取，勇于创新，不断推进我国的非洲研究和非洲的中国研究以及中非关系研究，从而更好地服务于中非共建"一带一路"，助力新时代中非友好合作全面深入发展。

中国社会科学院副院长　中国非洲研究院院长
蔡　昉

摘要： 非洲华侨华人是中非人文交流的重要组成部分。本报告共分七章：第一章在考察非洲华侨华人移民史的基础上，论证了"非洲首批华人说"；第二章分析非洲华侨华人的数量与类别，并预测了该群体的数量变化趋势；第三章和第四章阐释了非洲华侨华人形象演变及其产生原因，呈现出多面向的华侨华人形象；第五章和第六章分别对南非和津巴布韦进行案例分析，展示出当地华人协会和个体鲜活的生活体验；第七章提出改善非洲华侨华人形象的建议。本报告认为，从中非交往源头至今，非洲华侨华人是中非交往重要的桥梁，他们积极融入非洲社会，为非洲大陆的建设做出了重要贡献，但同时在非华侨华人也面临着融入困境与形象挑战。在中非合作的新时代，中国政府、媒体、智库、学术机构、非洲华侨华人协会、非洲华侨华人个体等各方应采取措施积极应对，以改变非洲民众对中国人形象的刻板成见，更好地传递中国国家形象和精神文化，进而提升中国在非洲的文化软实力和影响力，为促进中非民心相通做出更大贡献。

关键词： 中国；非洲；华侨华人；形象；交往

Abstract: The Overseas Chinese in Africa is an important part of the cultural exchange between China and Africa. This report includes seven chapters. The first chapter demonstrates the statement about the first group of Chinese in Africa based on the history of Chinese immigrants in Africa. The second chapter analyzes the number and category of overseas Chinese in Africa, and predicts the change in the number of this group. Chapters Three and Four explain the evolution of the image of this group and analyze the reason behind it, portraying a multi-faced image of the local Chinese. Chapters Five and Six analyze the situation of African Chinese in South Africa and Zimbabwe respectively, telling us about the life of both local Chinese individuals and groups. The seventh chapter puts forward suggestions on promoting the image of overseas Chinese in Africa.

Accordingto this report, the overseas Chinese in Africa have been an important bridge for China-Africa communication for long. Their integration into the African society has made significant contributions to the construction in Africa. However, they are also facing difficulties and image challenges. In the new era of China-Africa cooperation, all parties, including the Chinese government, media, think tanks, academic institutions, overseas Chinese associations and Chinese individuals in Africa, should take measures to change the stereotype about Chinese among African people, to promote conveying China's national image and culture, to further enhance China's soft power and influence in Africa, and to make greater contributions to increase the people-to-people exchange between China and Africa.

Key Words: China, Africa, Overseas Chinese, Image, Communication

目　录

一　非洲华侨华人移民史回顾 ……………………（1）
　　（一）早期的两类非洲华侨 ………………（1）
　　（二）非洲首批华人说 ……………………（9）

二　非洲华侨华人数量与分类 ……………………（16）
　　（一）非洲华侨华人分类……………………（17）
　　（二）难以获取准确数据的原因 …………（19）
　　（三）2019 年非洲华侨华人的数量 ………（23）
　　（四）非洲华侨华人数量变化趋势 ………（29）

三　非洲华侨华人形象及其演变……………………（36）
　　（一）非洲华侨华人形象的历史变迁 ……（36）
　　（二）对非洲华侨华人形象的
　　　　　不同看法……………………………（42）
　　（三）非洲华侨华人的正面形象 …………（46）
　　（四）非洲华侨华人的负面形象 …………（53）

四 非洲华侨华人形象产生原因 ……………… (59)
（一）非洲华侨华人正面形象产生的
原因 ……………………………… (60)
（二）非洲华人华侨负面形象产生的
原因 ……………………………… (69)

五 南非华侨华人案例研究 ……………………… (82)
（一）南非的三类华人群体 …………… (83)
（二）南非境内的华人协会 …………… (87)
（三）不同协会在个体华人移民生活中扮演
的角色 …………………………… (96)
（四）结论 ……………………………… (110)

六 津巴布韦华侨华人案例研究 ………………… (114)
（一）津巴布韦华侨华人概况 ………… (115)
（二）津巴布韦华侨华人的形象 ……… (118)
（三）津巴布韦华侨华人负面形象产生的
原因 ……………………………… (123)
（四）津巴布韦华侨华人改善自身形象的
措施 ……………………………… (129)

七 改善非洲华侨华人形象建议 ………………… (137)

参考文献 ……………………………………………… (157)

一　非洲华侨华人移民史回顾

非洲华人移民史与世界华人移民史特别是与东南亚国家的华人移民史紧密相连,因为最早移居非洲的华人多是殖民者从东南亚国家运往非洲的。就早期的非洲华侨而言,可分为两类:自由移民和契约劳工。

(一) 早期的两类非洲华侨

一类是自由移民。根据北京大学李安山教授的研究,华侨中的自由移民主要有三个来源:一是乘船从东南亚或中国来到非洲的华人,他们或是走投无路的农民,或是被迫流亡的反清志士;二是早期从印度尼西亚巴达维亚(Batavia,今印度尼西亚首都雅加达)流放至开普刑满释放的囚犯,他们或因遭囚禁而不能回国,或已习惯当地生活而自愿留下,或是未获批准而不能离开,甚或耽误了行程而没有赶上回国的船只;

三是契约期满后仍然留下来的华人，他们小有积蓄，回国后境况难有改变，愿意在海外谋生。

在罪恶滔天的奴隶贩卖时期，中国人与非洲人一样，同是殖民者猎奴的重点对象。葡萄牙殖民者闯入中国领海后，丧尽天良，坏事干绝，贩卖中国人口就是其中之一，《明武宗实录》（卷一四九）中就有"招诱亡命，略买子女"的记载。他们霸占澳门后更是变本加厉，"拐掠城市男妇人口，卖夷以取资，每岁不知其数"就是郭尚宾在《郭给谏疏稿》（卷一）里的真实记录。1604年和1607年，荷兰人两次逼迫广州，试图强行与中国通商，皆被澳门葡人所阻。1622年（天启二年）荷兰海军大将拉佑逊（Kornelis Rayerszoon）率军舰15艘，兵士2000人进攻澳门，失利而退，乃东据澎湖群岛。1624年（天启四年）遂进而占据台湾，于平安港建红毛城（Zelandia）至1662年（康熙元年），为郑成功所逐，此为欧洲人东来，"第一次失败于东方人之事迹也"。

荷兰殖民者与葡萄牙殖民者乃一丘之貉，在侵占澎湖和台湾期间，无不袭扰闽浙沿海一带，掠取精壮劳力和廉价苦力，甚至不放过妇女儿童，以便获取更多赎金。据荷兰史料记载，荷兰殖民者初到爪哇时，中国人在该岛已具有相当规模，从事贩卖胡椒、种植稻米和制造蔗糖等生意，颇称富有。1602年，为更好地发挥华人的作用，荷兰东印度公司总督彼得逊还任命华人苏明光为官吏。彼得逊目睹华人勤劳上进，不辞辛苦，就极力主张掳掠华人为奴隶，以开拓土地。1623年，彼得逊致函其继任者卡宾德尔（Pieter de Carpentier）："巴达维亚、摩鹿加、安汶、万兰需人甚多，更需多金，以博厚利归国，世界中无如中国人，更适我用者。贸易既不得以友谊得，现在风候正好，可以遣战船，往中国海岸，尽量捕其男女幼童以归，若与中国战争，特须着意多捕华人，妇女幼童更好。移住巴达维亚、安汶、万兰等地。华人之赎金八十里亚尔（Ryals）一人，决不可让其妇女归国，或使至公司治权以外之地。但使之移住上述等地可也。"正如李长傅在《中国殖民史》中所言，葡萄牙和荷兰殖民者以非洲人视中国人，"故日后欧人之至中国贩卖猪仔，是为当然之事矣"。

最早来到非洲的华人，很可能是被荷兰殖民当局从东南亚地区运去的因犯。1593年，葡萄牙人就将中国人运到南部非洲；1638年5月，第一名荷兰驻毛里求斯总督就将一部分华人从印度尼西亚的巴达维亚运到毛里求斯；1654年，荷兰殖民者将3名中国人从巴达维亚运到毛里求斯，这些是有案可查的抵达非洲的早期中国移民。正是看到中国人吃苦耐劳、听从指挥的优点，开普殖民地的开拓者、荷兰东印度公司的范·里贝克（Van Riebeeck）曾数次致函巴达维亚当局，请求派华工来，然而未能如愿。出于同样的理由，其继任者扎卡赖亚斯·瓦格纳尔（Zacharia Wagenaar）也渴望谋求华工。1662年6月6日，在致巴达维亚当局的信件中，他提出要求派遣25—30名赤贫华人，条件是他们必须是务农能手，并一人能顶50个不听指挥、既懒又笨的好望角农夫。两年后，他再次提出同样的请求。事实上，好望角的华人是由驻巴达维亚的荷兰东印度公司打发来的，但他们不是开普总督们所期望的庄稼活儿好把式，而是遭驱逐的囚犯，甚或是政治流放犯。方积根在《非洲华侨史资料选辑》里称，"十七世纪时被驱逐的华人平均每年只有一两个，从十七世纪八十年代末开始，这一数字有所增加。看来，第一个被驱逐的华人名叫万寿（Ytcho Wancho）。他于1660年由安海姆号船（Arnhem）运抵好望角"。他很可能是第一个有据可查的到非洲定居的中国人，后因用刀子袭击开普的一名女奴隶而获鞭刑，企图上吊自杀而未遂，被流放到罗本岛（Robben Island）服刑。在18世纪初，开普出现了华人自由移民，其标志是，一个名叫唐德秦（Tuko de Chinese）的华人于1702年在改良教堂接受了洗礼仪式，被接纳为新教教徒，此后改名为亚伯拉罕·德·维夫（Abrahan de Vgf）。

另一类是所谓的"契约华工",是殖民者打着"招募"的幌子,以"自愿"的方式,拐骗中国人到非洲殖民地充当苦力。其实质是,奴隶贸易和奴隶制被废除后,殖民者在"合法"外衣下进行的奴隶贸易之变种,尤以法国和葡萄牙为甚。而当时的中国,因统治者腐败、国力衰弱,不幸成为殖民者引进苦力的最佳来源地。一般情况下,契约华工服役14年后才能获得自由。

毛里求斯是契约华工的第一个目的地。早在1760年,法国人就把华人运送到这个岛上的种植园。当时正值英法战争期间,第一批华人约300人被法国海军将领德斯坦作为人质从东南亚掠到毛里求斯。法国人原想让这批华人在甘蔗种植园从事繁重的农业生产,但华人以经商不谙农事为由拒绝,无奈之下,法国人只好于次年将华人遣返。不过,这批人似乎没有全部离开。1762年,法国人又直接从中国"招募"了一批华工。他们成为华工去非洲的来源,此后不断有华人苦力去毛里求斯、留尼汪、圣赫勒拿岛、马达加斯加、南非、坦噶尼喀和非洲其他地区。

在中国,苦力又被蔑称为"猪仔",与之相适应,苦力贸易又叫"猪仔贸易"。苦力与奴隶一样,都是受剥削压迫的下等人,唯一不同的是苦力有一份卖身契——规定劳动期限,一般在3—8年。正是因为多了这一份卖身契，恩格斯称其为"隐蔽的苦力奴隶制"。清朝继续明代的海禁政策，作为葡萄牙殖民地的澳门便成为贩卖苦力的基地。殖民者先将华工从内地招到澳门，再从澳门装船贩运到非洲和南美洲。据西方人马士编辑的《1634—1834年东印度公司对华贸易编年记事》中记载，1811年之前，一批广东的石匠、木匠等华工就是通过澳门被运到圣赫勒拿岛的。此后，不断有华工通过这种途径被运往南部非洲国家。鸦片战争后，中国的综合国力进一步衰退，殖民者更加肆无忌惮，为所欲为，从中国内地直接向非洲贩运华工随之成为现实。1845年和1846年，两批华工被直接从厦门运到法属波旁岛——留尼汪岛。外国人形容华工在船上惨痛之生活情形，称之曰"浮动地狱"。开茂郎（Comeron）论华工往南洋乘船之惨状亦云："华工之死，虽与船主利益有损，而资本无亏，以载客愈多，获利愈厚。船本可容三百人，而载以六百，纵途中损二百五十名，较之按定额不折一人登陆，利犹过之。盖一则三百五十人入市，而一则只三百人也。"孙中山先生曾一针见血地指出："外洋资本家利用中国人之勤劳而佣值廉也，遂向中国招工。乃当时海禁未开，中国政府禁工出洋，西洋人只得从澳门招工，每年由澳门出洋者以十数万计。此等工人皆拐自内地，饵以甘言厚利，诱以发财希望，而工人一旦受欺人于澳门之

'猪仔馆'，终身无从逃脱矣。而'猪仔头'（即拐卖工人者）则以高价售之洋人，转运出洋，以作苦工。工人终世辛劳，且备受种种痛苦，鞭挞残杀，视为寻常，是无异乳猪之受人宰食，故名此等被人拐卖之工人曰'猪仔'。"

1886年，南非约翰内斯堡发现黄金矿，随之掀起一股全球范围内的"淘金热"，华人也通过不同途径远赴南非加入这股热潮中，其中绝大多数是通过英国政府与清王朝于1904年签订的《保工章程》陆续抵达的。1904—1910年，赴非契约华工达到高潮期。据统计，至1910年，非洲契约华工的总人数是14.2万。据陈里特编著的《中国海外移民史》记载，其中，"南非华工之移入，始于1904年，系为英国采取金矿招募而往者，达55000人"。事实上，南非华工的数量远超出这一数目，以南非黄金城博物馆提供的数据为例，仅1904—1906年，南非就有约63000名华工。李安山教授在《非洲华侨华人史》书中写道："我曾多次参观南非黄金城博物馆，每当凝视当年华工生活、劳动场景的一幅幅图片时，脑海波涛翻滚，感慨万千：'满面尘灰烟火色，两鬓苍苍十指黑'；'耕犁千亩实千箱，力尽筋疲谁复伤？'"数量如此之大的契约华工，当年为开采黄金所做出的贡献不言而喻、不可估量、不可磨灭，然而，他们当年的劳动生活不如牛马，受到的待遇不堪回首，苦难经历不容置疑。

李安山教授认为，非洲华人移民史一般分为四个阶段：第一阶段为1800—1910年，以契约劳工为主，兼有自由移民；第二阶段为20世纪三四十年代，日本侵华，沿海居民为免受奴役而被迫出洋；第三阶段是中华人民共和国成立之初，国内移民政策宽松，非洲华人已站稳脚跟，不少人远去投亲靠友；第四阶段是20世纪80年代以来，伴随着中国改革开放的步伐和世界移民的巨大浪潮，华人再次远赴非洲。

华侨是国际移民迁徙中一个不可或缺的组成部分。从目前情况观察，几乎每个非洲国家都有中国人的身影，南非、毛里求斯、马达加斯加等具有华人移民史的非洲国家中华侨华人数量相对较高。

综上所述，本报告认为：（1）毛里求斯极有可能是华人到达非洲的第一个目的地，这与其地理位置、历史沿革有密切关系。一个显而易见的原因是，华工的输入是殖民者为了开发甘蔗种植园，发展制糖业而为之。（2）到达非洲最早的自由移民，很可能是刑期已满的华人囚犯。（3）有案可查的抵达非洲最早的中国移民发生在1654年，人数仅为3名；而最早定居非洲的华人则发生在1660年，人数仅为1名。（4）具有一定数量和规模的前往非洲的华人发生在1762年，他们是运往非洲的第一批契约华工。（5）荷兰和法国殖民者是将华人运往非洲的始作俑者。

（二）非洲首批华人说

最早到过非洲的中国人与移居非洲的华人，二者之间具有明显区别。第一个去过非洲并留下文字记载的中国人是唐朝杜环，时间在751—762年；而最早抵达非洲的中国移民则发生在清朝，从个别人到形成一定规模经历了从1654—1762年之间108年的过渡期。在这里，我们暂且不提世界移民史研究理论中的"推力"和"拉力"两种因素，也不说契约华工与自由移民的联系和区别，更不言他们去非洲因人而异的各种内因和基本相同的几种外因，仅就他们去非洲的时间而言，从到此一游的非洲访客到落地生根的非洲华人，经历了漫长的唐、宋、元、明四个历史朝代，这也是截至目前，研究中非关系史的学者如陈公元、李安山、张象等普遍认为"首批华人移民非洲发生在清朝"的主要根据。

1. 落难东非的中国船员应是郑和部属

关于当年落难东非的中国船员是否隶属郑和船队，目前尚未发现文字记载和实物证据，因而存在一些争议。但学术界一般认为，帕泰岛的"中国人"应该是郑和船队部属的后裔。本报告认为，根据已知的历史事实可以推断，当年那艘中国船只在帕泰岛附近遇难发生在郑和下西洋时期。这是因为：

其一，如果船难发生在郑和下西洋之前，船难的幸存者不可能听说过长颈鹿的故事，在当时的交通和通信条件下，深居孤岛的他们不可能从外界获知这一消息。

其二，如果那次船难真的发生在郑和下西洋之前，当郑和船队浩浩荡荡经过东非沿岸时，船难的幸存者一定能知道这一消息，并想方设法与郑和船队取得联系。那样，郑和船队就会让这批中国人乘船回国，这不但在同胞感情上是讲得通的，而且在实际运作上也是可能和可行的。

其三，在郑和下西洋之前，中国船只直接访问东非沿岸的可能性极小，中非之间的海上交往基本上是经过阿拉伯商船完成的，这在记载中非交往的几部著作中反映得比较明显，如《岭外代答》《诸番志》等。

其四，假如帕泰岛的船难发生在郑和下西洋之后，逃难的水手们不可能在帕泰岛上加村安家落户——据英国考古学家、剑桥大学教授马克·豪敦（Mark Houton）在上加遗址发掘考证，上加村在郑和最后一次下西洋后不久，约在1440年遭到毁灭。

其五，郑和下西洋后，由于明朝皇室长期实行海禁政策，中国不可能有大型船只远航非洲；更重要的是，郑和下西洋后，西方殖民者成为印度洋的统治者，中国船只不可能自由通过印度洋而远达非洲。

尽管缺乏文字记载等方面的确凿证据，著名郑和研究专家郑一钧教授在研究了有关报道提供的信息后认为，这些帕泰岛中国水手的后裔无疑就是郑和船队部属的后裔。他认为，帕泰岛一带海域，是郑和船队到达马林迪的必经之地。正是在郑和下西洋时期，而不是在其他任何时候，有许多中国水手随郑和船队到过这里。郑和下西洋之后，由于明、清统治者对外闭关自守，长期实行"海禁"和阻遏政策，加之16世纪以后西方殖民国家全力向东方的印度洋扩张，在西欧殖民势力炮舰的轰击下，不仅曾经称藩于明朝的海外诸国先后沦为西方列强的殖民地，而且也对中国的远洋航海事业形成巨大威胁，中国再难以向"西洋"（印度洋）发展。记录当时中国航海活动的一些史籍所反映的正是这一事实，如明朝张燮《东西洋考》的记载只限于印度尼西亚苏门答腊以东，清人陈伦炯的《海国闻见录》和谢清高的《海录》，也都说中国的海舶不再过马六甲海峡西行了。由于当时在"东洋"海域之内，航海活动还有较大的发展余地，相应地在明代中后期，中国通往菲律宾、日本等地的航路有了较大发展。郑一钧表示，在郑和下西洋之前，中国与非洲之间虽然也有海上交通，但并不频繁，在史料中也没有具体记载，并且在由西亚到东非沿岸的航程中，换乘阿拉伯船只的可能性很大，因此那时能够到非洲的中国人是极少的；而在郑和下西洋之后的数百年间，中国与非洲之间的海上交通已被阻断。由此，古代在上加村定居下来的中国水手，为郑和船队的水手应该没有什么问题。

2. 落难船员是中国"移居"非洲的首批华人

截至目前，研究中非关系史的学者普遍认为，首批华人移民非洲发生在清朝，这主要指早期的"契约华工"，最早发生在 1760 年，法国海军将领德斯坦把 300 余名华人作为人质从东南亚地区掠夺到毛里求斯种植园，迫使他们从事繁重的农业劳动，被掠华人以自己是商人不懂农业生产为由拒绝，这批华人中的大部分被遣返回国。1762 年，法国人又直接从中国运来一批华工。尽管此前可能还有从中国到非洲的自由移民，但是人数很少且相当分散，毛里求斯华工是具有一定人数和规模的移民，因而被视为最早的非洲华侨。

郑和七下西洋从第四次开始远赴非洲，即 1413 年（永乐十一年），第七次下西洋结束于 1433 年（宣德八年）。换言之，肯尼亚帕泰岛附近的船难应该发生在 1414—1433 年。即使那次船难发生在郑和第七次下西洋（1430—1433年）期间，郑和船队的水手在华工首次登陆毛里求斯岛的330多年前，早已因意外事故而成为首批非洲华侨，他们比去非洲的个别中国自由移民还要早约200年，因而是当之无愧的最早的非洲华人。

在世界航海史上，船难悲剧实难避免，郑和七下西洋亦不例外。特别是由于当年郑和船队在非洲沿岸的航行不是走的传统航线，而带有海上探险的性质，就更容易发生海难，中国船队在从未涉足的非洲沿岸航海，当年郑和船队的个别船只触礁的可能性极大，甚至是在所难免的。当年，郑和船队的一艘船只在肯尼亚帕泰岛附近触礁，数百名船员逃生至岛上，在当地居住下来，进而落地生根，融入非洲大家庭，与当地女子结婚延续后代，奏响了一曲不同民族平等相待、和善相处、和谐相融的友好乐章。

当初，这批突然置身于全新环境的中国船员，虽身强力壮，携带宝物，但没有居高临下的中华大帝国的傲慢与偏见，而是谦和平等地对待当地居民；面对这批身份不明的天外来客，身居孤岛的当地人没有拒绝和排斥，而是张开双臂热情接纳与大度包容。于是，中国船员用随身携带着的丝绸、茶叶、瓷器等宝物，与当地居民以货易货，等物交换，换取最基本的生产工具和生活用具以求立足生存。在当时的特殊历史背景下，中非人民之间这种平等对待异族的态度和做法实属难能可贵。

　　立足之后，中国船员用自己的一技之长主动为当地社会服务，克服了语言不通、风俗不同带来的障碍，赢得了当地社会的普遍信任和大度包容，进而逐渐融入当地社会。他们中的医生，利用当地资源采制中医药，为当地民众祛除疾病，救死扶伤。同时，他们还把医术传授给当地人，时至今日，帕泰岛上的中医大夫仍肩负着救死扶伤的重任，受到人们交口称赞。他们中的铁匠、木工等手艺人，用勤劳的双手，就地取材制作工具和用具，至今帕泰岛上还有中国铁匠传人。他们中的建筑师加入到当地的建筑业中，用自己的双手为自己也为当地民众建造房屋。目前帕泰岛上的几户中国人家，他们的房屋布局和院落布置均有别于当地住户，带有中国建筑的风格与特征。考古专家认为，帕泰遗址中的不少建筑特别是大清真寺墙壁和装饰就受到中国建筑的影响，带有鲜明的中国特色。

　　这批中国船员身上体现着中国优秀的传统文化和中华民族的传统美德，为中国和中国人民在非洲赢得了信任和赞誉。这种传统文化和美德可以用"和谐""勤劳"和"助人"来概括。他们友好和谐地融入当地社会，用勤劳和智慧创造美好生活，同时不忘帮助周围的民众。数百年来，他们的后裔尽管早已成为非洲大家庭中的成员，但至今仍顽强保留着中国文化传统，念念不忘自己的中国血统，中医大夫用祖传的医术服务民众，甚至不收取一文费用。他们尽管人数不多，但是在当地产生了持久影响，树立了中国人的良好形象，赢得了非洲民众的信任与尊敬。

二 非洲华侨华人数量与分类

中华人民共和国成立以来，相对于东南亚和欧美华侨华人的研究，国内学界对非洲华侨华人鲜有涉猎，李安山2000年出版的专著——《非洲华侨华人史》是重要的代表作。根据他1996年的估计，非洲华侨华人当时的总人数是13.6万。《2008年世界华商发展报告》给出世纪之交的非洲华侨华人总数是24万。《华侨华人蓝皮书》运用朱慧玲2002年的调研数据是25万；采用王望波、庄国土2006—2007年非洲新华侨华人的总数是50万，这一数据不包括中国台湾、香港、澳门地区移居非洲的同胞，如果包括他们和非洲的老侨在内，这一数据则是55万。李新烽在2013年估算出2012年年底非洲华侨华人总数为110万左右，这一数据被国内学界广泛接受。此后，李安山在2017年发表的《战后非洲中国移民人口状况的动态分析》一文中，对非洲国家（地区）华侨华人人数进行了列表，其中2004—2017年为58万—82万。

国外学者在研究中国时亦涉及华侨华人这一话题，而谈到华侨华人也多提及数量问题。他们不约而同地认为，由于多种原因，很难统计出海外华侨华人的准数，仅能给出个概数。对于非洲华侨华人的总数，一般认为20世纪末在40万—60万。2014年，霍华德·弗兰彻（Howard French）出版《中国的第二个大陆》一书，认为非洲大陆现有100万中国移民。抛开本书对中非关系的负面评价不谈，其关于中国移民数量的估计与中国学者的估计大致相同。由此观之，在非洲大陆约有100万华侨华人似已基本成为共识。

以上关于非洲华侨华人的数量均为估数，而非实际的准确数据。那么，当前非洲的华侨华人到底有多少？在非洲各国的分布情况又如何？在回答这两个问题之前，我们首先对非洲华侨华人进行分类，接着分析获取非洲华侨华人准确数字难度大的原因。在此基础上，估算和推算出截至2019年10月1日，即中华人民共和国成立70周年之际非洲华侨华人的数量，并展望这一数据的变化趋势。

（一）非洲华侨华人分类

非洲华侨华人有广义与狭义之分，华侨与华人之别，老侨与新侨之异，来自中国内地与港澳台之辨。就广义而言，凡生长、生活、工作在非洲大陆的中国人，不论公派还是自费，不分来自中国内地还是港澳台，不管从事任何职业、具有何种身份，亦不问是否取得居住国国籍，只要身上流淌着中国血液且脚踩非洲大地者，皆属非洲华侨华人之列。就狭义来说，主要指1978年中国改革开放后，从中国内地前往非洲经商、求职和求学的中国人。他们被统称为新侨，一般不包括公派人员、港澳台同胞和老侨。这些前往非洲经商、求职和求学的中国人是非洲华侨的主体，基本上没有加入居住国的国籍。

如果按华侨、华人这两个大概念划分，非洲华侨可分为三类：公派、自费和劳务人员；非洲华人也分为三类：老侨、混血儿和新入国籍者。

在非洲华侨中，公派人员是中国政府或企事业单位派出的公职人员，包括使领馆工作人员、中资企业人员、外派到非洲各国的专家、医生、记者、留学生、志愿者、孔子学院教师和中国赴非洲国家的维和部队官兵等等。自费人员的出国动机各不相同，既有独闯天下的孤胆英雄，更多的则是投亲靠友，出国前有人牵线搭桥。他们从事的行业也十分广泛，以开餐馆、宾馆、商店、工厂和创办建筑公司、国际贸易公司者居多，也有开办旅行社、报社、诊所的。自费人员中绝大多数是打工者和小老板，事业成功的大老板屈指可数。近年来，随着中国对非洲投资速度的加快和援建力度的加大，劳务人员的数量增长加快，多是从事基础设施建设，以修路、盖房、建水坝为主。

在非洲华人中，老侨一般指中华人民共和国成立前后就到非洲谋生的中国人及其后裔。混血儿是中国人与非洲人生育的后代，既有老侨与当地人成家生育的后代，也有新侨与非洲人结婚或非婚生育的子女，这类混血儿数量不多，但也属于一个类别。新入国籍者是非洲新侨中取得居住国国籍者，这类人的数量也相当有限。在这三类人中，老侨是非洲华人的主体，数量占绝对优势，且集中在南非、毛里求斯、马达加斯加和留尼汪等非洲国家和地区。

基于以上原因，非洲华侨华人大体上分为两类——新侨和老侨。新侨绝大多数是侨居，没有加入居住地国籍；老侨基本上已延续了数代，成为当地居民，融入非洲大家庭。

（二）难以获取准确数据的原因

非洲华侨华人是一个数量不断增加、影响日益增大的特殊群体，随着中非关系发展的强劲增速，他们受关注的程度进一步增强。在此情况下，出于各自不同的动机和需求，中非双方政府、国际媒体、研究人员甚或是非洲华侨华人本身，均想统计出非洲华侨华人的准确数字，然而在实际运作中，准确数据的获取遇到了一系列难题。

非洲华侨华人总人口的准确数据难以取得的主要原因可简称为"三难"：概念界定难、数量统计难和管理组织难。就概念界定难而论，一是华侨华人身份的判定，主要表现为概念的广义与狭义区别；二是华侨居住年限的划定，即以多长时间来划分是华侨还是短期访问者或是居住者，有人提出以一年为界限，但这一时限也缺乏科学依据，且不说一些华侨经常在非洲国家之间、中国和非洲之间频繁走动；三是华侨华人身份的自我认定，比如中非之间非婚生育的混血儿可能出于某种原因不愿承认自己的特殊身份，还有同一人在公派与自费之间相互转换导致的身份认定混乱，等等。判定、划定和认定，这"三定"是造成概念界定难的主因。

数量统计难，这主要表现在非洲华侨华人的流动性、分散性和多样性等方面。由于生意需要，或是出于生计考虑，一些华侨华人常年在一个非洲国家之内、数个非洲国家之间，甚或是中国与非洲之间、非洲与世界其他地区之间奔波。这些人在一个地方、一个国家停留的时间有限、地点多变，加之有人就拥有几个非洲国家的长期居住身份甚或是两三个国家的护照。流动性强是非洲华侨华人的一大特点，它还突出表现在劳务人员身上，对数量统计造成不便。与流动性相伴的是分散性，表现在华侨华人居住地方面。以非洲华侨华人数量最多的南非为例，华侨华人除集中居住在约翰内斯堡（Johannesburg）、曼德拉市（Mandela City）、德班（Durban）和三个首都——比勒陀利亚（Pretoria）、开普敦（Cape Town）和布隆方丹（Bloemfontein）外，还散居在南非的各大中小型城市，甚或是偏远的农村地区，这些人之间大多"老死不相往来"，除非有事才与中国驻南非大使馆和驻约翰内斯堡、开普敦和德班三个总领馆联系。与分散性相连的是多样性，这主要是指非洲华侨华人从事多种多样的职业，可谓三教九流，五行八作。其实，无论是流动性强，还是居住地相对分散和从事的职业多样化，并不是非洲华侨华人数量难以统计的主因，问题在于缺乏规范的管理和严密的组织。管理组织难表现在两个方面：一是华侨华人的居住国管理存在缺陷和漏洞，非法移民成为一个棘手难题；二是华侨华人社团和中国有关方面权限比较含糊，职责划分模糊。换言之，管理难、组织难并非有关方面推诿责任不想作为，实乃由于华侨华人的特征，难就难在侨团作用局限、使馆力量有限、国内渠道受限，而华侨华人所在国的管理又缺乏明确界限。这"四限"的实质出在"三不",即华侨华人社团权力不大,中国有关方面权限不明和华侨华人居住国的管理不严。

众所周知,海外华侨华人均在其居住国成立了侨社侨团组织,这些社团是在地缘、血缘和业缘的基础上发展起来的,随着新侨增加和时代进步,海外华人社团适时应变、与时俱进,科技和参政社团相继成立。这些社团在组织管理华侨华人方面发挥了积极作用,但相对而言,还是一些比较松散的组织,缺乏必要的约束力,社团领导成员基本稳定,但会员总数处于变化之中,很难统计出具体数字。中国在已建交的非洲国家均设有大使馆,[①] 在个别国家还设立了使领馆,使领馆也有领侨处或设专人管理侨务,不过对华侨华人管理组织到何种地步,对侨团工作到底引导指导到何种程度,似乎缺乏明确规定,往往因人因事而异,加之使领馆人员力量有限,处事方式也就更加多样。至于统计华侨华人的数量问题,更不是使领馆工作的重点,能给出个概数亦算不错。中央"五侨"单位——全国人大华侨委员会、国务院侨务办公室、全国政协港澳台侨务委员会、中国致公党中央委员会和中华全

---

① 目前非洲有 54 个国家,除史瓦蒂尼(Eswatini)外,其他 53 个国家均与中国建交。史瓦蒂尼原国名为斯威士兰(Swaziland),2018 年 8 月改为现名。

国归国华侨联合会（全国侨联）十分关心侨务工作，但与海外华侨华人沟通的渠道受到限制，对海外华侨华人开展工作基本上要通过中国驻外使领馆开展。

在管理华侨华人方面，华侨华人的居住国也存在实际问题和相当难度。由于华侨华人数量占居住国总人口的比例很低，在绝大多数非洲国家可以低到忽略不计，因此，华侨华人的居住国在人口普查时均未设立华侨华人专项，个别国家把华侨华人列入亚裔人口。另外，非法移民是一个世界性难题，几乎世界上的每个国家对外来人口的统计都感到头痛，非洲国家官方对华侨华人准确数量难以掌握也就不足为奇。

总之，在目前情况下，基于多方面的因素，要统计出非洲华侨华人的准确数据，缺乏可行性和现实性。

（三）2019年非洲华侨华人的数量

近年来，随着中非贸易的加强和人员往来的加速，非洲华侨华人的数量增长加快，主要是新侨的人数呈显著上升状态，其中以大量短期劳工奔赴非洲最为明显。据"今日俄罗斯"电视台网站8月3日报道，2019年中国与非洲直飞航班达到平均每天7个以上，而在2010年时平均每天只有不到1个直飞航班。根据航空数据服务商OAG公司的统计，目前中非航线每年航班数量达2616个，经营中非航线的民航机队每年能够运送约85万人次的乘客。另据埃塞俄比亚航空公司发言人阿斯拉特·贝加绍介绍，中国乘客是该航空公司最大的客户群体，埃塞航的航班每天都会飞往北京、上海、广州和香港，每周3次飞往成都。由此可见，当前中非之间人员流动，尤其是中国人前往非洲越来越频繁，而这种频繁人员流动的背后，反映的是中国华侨华人庞大的人口基数。

根据不同渠道获取的资料和信息，我们认为2019年年底非洲华侨华人的总数比2012年年底略有下降，约为100万人。这些资料和信息包括这样几个方面：本课题组成员最近几年前往非洲调研掌握的资料和了解到的情况，与非洲侨胞依照不同国别华侨华人情况做出的估算，从非洲国家驻华大使馆了解到的信息，以及相关新闻报道提供的数字。在这些资料和数据的基础上，我们根据非洲国家华侨华人数量分布不均、差别鲜明这一特点，将非洲国家按照华侨华人数量的多少分为4类，具体如下。

华侨华人数量超过10万人的为第一类。第一类国家共两个：南非和尼日利亚。南非既是非洲经济的领头羊和非洲大陆的桥头堡，又是非洲华侨华人最为集中、数量最多的国家，2006—2007年华侨华人总人口数就达到25万左右，2012年约30万。2017年以后，由于南非经济形势下滑，排外事件频发，有些华侨华人离开南非。但南部非洲上海工商联谊总会名誉会长奴海先生表示，"近几年离开南非的华侨华人并不多，且有些离开的本来就不在统计数据里面，还有一些嘴上说要离开南非，但事实上没有动静"，因此南非华侨华人仍保持在30万左右。尼日利亚是非洲第一人口大国，也是非洲唯一人口总数超过2亿的国家，华侨华人的数量在20万左右。李新烽在《试论非洲华侨华人数量》一文中写到2012年8月曾与尼日利亚驻华大使馆一位负责人探讨这一问题，"他笑问是表面数字还是实际数量，前者是指尼日利亚官方掌握的数据，约为18万人；后者则包括非法移民在内，约为22万人。经过一番交谈，我们共同认为2012年尼日利亚有20万华侨华人"。刘少楠长期跟踪尼日利亚华侨华人问题并多次前往当地调研，他称一般估计尼日利亚华侨华人数量为10万以上，而他们自己多说为20万左右。

以上两国是非洲华侨华人最为集中的国家，总数50万左右，约占非洲大陆华侨华人总数的1/2。

华侨华人数量在5万—10万者是第二类。这一类国家有安哥拉、马达加斯加和埃塞俄比亚。这3个国家又可分为两类，第一类是马达加斯加，其华人移民历史较长，老侨占华侨华人多数；另外两个国家为第二类，华人移民历史相对较短，华侨华人以新侨为主。

在第二类国家中，此前还有阿尔及利亚、肯尼亚和苏丹。林胜等在2017年发表的文章中指出："据不完全统计，目前在阿尔及利亚的中国人约在5万人以上。"2019年2月阿尔及利亚发生政治动荡，大多数华侨回国，目前约有2万人。肯尼亚的华侨大多为中资企业的公派人员、技术人员和建筑工人。随着蒙内铁路二期工程内马铁路竣工，不少建设者相继离开，目前的华侨华人2万多名。李安山在《战后中国移民人口状况的动态分析》一文中列出2004—2017年苏丹华侨华人的数量在2万—7.4万。课题组成员2019年10月在苏丹调研期间，从各方面了解的信息看，苏丹目前的华侨华人总数不超过5000人。

安哥拉曾是华侨人数增速最快的非洲国家，在2012年一度达到近26万人。然而自2015年宽扎贬值和石油价格下跌以来，许多人因经济不景气、工程停工、社会动荡和治安情况恶化等问题而离开安哥拉。据安哥拉中国总商会秘书长赵红兵估计，目前安哥拉华侨华人数量为6万—8万。马达加斯加在2006年便有华侨华人约4万人，之后人数继续增加到6万人左右。作为中国对非产能合作先行先试的国家之一，埃塞俄比亚是近年来华侨华人数量增长最快的国家，人数在6万—8万。

综合来看，如果安哥拉、马达加斯加和埃塞俄比亚三国均取其平均数，即 7 万人，再加上阿尔及利亚、肯尼亚和苏丹三国的估计数值，即 5 万人，这 6 个国家华侨华人的总人数约为 26 万，约占南非和尼日利亚两国的二分之一。

人口数量在 1 万—5 万之间的国家为第三类，主要包括刚果（金）、埃及、加纳、莫桑比克、赞比亚、津巴布韦、留尼汪岛和毛里求斯等。这类国家又可以分为两档，其中刚果（金）、毛里求斯和留尼汪岛人数在 3 万—4 万，其他 5 个国家人数在 1 万—3 万。

下面以部分国家为例进行说明。中国社会科学院西亚非洲研究所副研究员袁武在 2019 年 8 月前往刚果（金）调研，他从使馆了解到的信息是刚果（金）华侨华人的数量在 3.5 万—4 万。根据李安山文中的数据，毛里求斯有 3 万名以上的华侨华人。新华网在 2015 年 8 月报道，"目前这个 2000 多平方公里的印度洋小岛（留尼汪）上生活着三四万华人，绝大部分是广州人和客家人"。课题组成员曾在 2018 年 3 月前往赞比亚调研，在与我国驻赞使馆和华侨座谈时了解到，当时在赞华侨华人数量约 2 万。津巴布韦在 2015 年约有 6000 名华侨华人，2017 年 11 月政治剧变后，不少中国人前去津巴布韦寻找投资机会并留了下来，到 2019 年 7 月，有 1 万—1.5 万华侨华人。此外，根据

《莫桑比克华人报》主编李践红和中国港湾南部非洲总经理助理、常驻莫桑比克代表王立铎提供的数据，莫桑比克华侨华人数量为2万—2.5万。埃及目前约有2万华侨华人，加纳约1万人。

就第三类国家的总人数而言，刚果（金）、毛里求斯和留尼汪人数较多，其他国家相对少些，取平均值2万，8个国家的总数约为16万人。

第四类为人数不足1万的国家。在这些国家中，坦桑尼亚、加蓬、几内亚、乌干达和莱索托等国华侨华人人数在5000—1万，贝宁、博茨瓦纳、佛得角、刚果（布）、马拉维、纳米比亚、博茨瓦纳、塞内加尔和突尼斯等国人数在1000—5000，布隆迪、中非共和国、赤道几内亚、乍得、利比里亚、塞拉利昂、圣多美和普林西比等国人数在1000以下，有的甚至不足100人。从总数上来看，这类国家华侨华人共有约8万人。

非洲华侨华人的数量分布呈明显的梯度性，层次分明，可分为10万人以上、5万—8万人、1万—4万人和万人以下四个类型。由于总数是一个估算，所以我们对存在一定区间的国家均取其平均数。另外，不足1万华侨华人的国家数量虽多，但对总数影响很小，所以对非洲华侨华人数量起决定作用的是前三类，共有16个国家和地区。

将以上四类国家华侨华人的数量相加，我们可以得到总数约为100万人。但这也只是一个粗略估计的数量，而且并非静态不变的数值，其会因非洲各国经济发展状况、移民政策，以及与中国关系的变化而不断发生变动。

（四）非洲华侨华人数量变化趋势

除以上提到的数量分布不均且梯度性鲜明等特点外，非洲华侨华人的另一大鲜明特点——新侨是华侨华人的主体，占总数的90%左右；而在新侨中，短期劳工数量占1/4强。这里主要分析非洲华侨华人主要群体数量可能发生的变化，在此基础上展望非洲华侨华人数量的变化趋向。

首先，老侨和公派人员数量稳中有升，但总体保持平稳，增幅不大。公派人员有任期，三五年一轮换，但数量基本保持稳定。随着中非经济往来和文化交流速度的加强，公派人员的数量增加是一个总趋势，但不会出现猛增快长的情况；非洲的老侨数量相对稳定，因为不少新生代老侨移居西方国家，减缓了人口自然增长率。

其次，自费人员特别是个体商户的人数基本稳定，且稳中有降。一方面，受世界经济形势的影响，非洲主要经济体经济增长目前普遍乏力，这不仅出现在南非和尼日利亚这两大经济体，而且出现在安哥拉、埃塞俄比亚、肯尼亚和坦桑尼亚等非洲大国。拉动非洲主要经济体经济增长的内外动力尚未出现。另一方面，南非、尼日利亚、埃及等国的高校吸引着越来越多的中国学生，自费生已成为这些非洲大学一个值得关注的生源；随着非洲人民对中国的了解不断加深，中华文化越来越多地受到民众青睐，中国医生、武术教练和汉语教师将乘势走向非洲，传播中华文化，增进相互交流……短期内，走向非洲的个企数量不会增加，但中国留学生和文化传播者的数量会保持稳定。

再次，短期劳工数量将逐步减少，但技术和管理人员数量将逐步增加。近年来，非洲华侨华人数量不断攀升，主要是劳务人员数量猛增。2011年中国从利比亚撤离35860名侨民，其中大多数就是劳务人员。再以卢旺达为例，该国2012年华侨约有900人，其中实施承包和援外工程的中资公司人员约占2/3，个体华商及其家属占1/3。中资企业包括央企和地方企业，央企主要从事援外工程，地方企业多是承包工程。企业人员随项目进程来去增减，在2012年前基本上处于上升时期，这是一个总体趋势。不仅卢旺达的情况如此，其他非洲国家的情形亦然。然而，自2012年以来出现了一些新的情况。第一，随着经济发展和市场变化，中资企业从国内招聘廉价劳工的时代已告结束，国内劳工在待遇、管理等方面出现的一系列问题已使中资企业穷于应对，捉襟见肘；第二，非洲国家对中资企业过多雇佣中国劳工颇有微词甚至是成见，这在一定程度上影响了中非关系的健康发展，中国政府已着手解决这一问题；第三，中国人生活水平不断提高，国人普遍对外出打工特别是出口劳务失去动力和兴趣。在这种新形势下，短期劳工数量将逐步减少。另外，由于非洲工人在技术和管理方面还存在一定的欠缺，我们预计技术和管理人员数量将逐步增加。以中国江苏国际经济技术合作集团有限公司和上海建工集团股份有限公司正在津巴布韦开展的罗伯特·穆加贝国际机场和议会大厦两个项目为例，其中前者中方员工有100人，30%—40%为管理人员，其他主要为工长；后者中方人员有145名，绝大多数都是技术和管理人员。

最后，由于以下几个因素的存在，在不断有新人前往非洲的同时，也会有一些在非洲生活工作多年的新侨离开那里。其一，非洲新侨中的个体商户多以单身男性为主，其中不乏短期行为者。男人闯天下是中国传统，去非洲的新侨也不例外，以中青年为主。中年人事业有成时才有可能让妻子儿女去国外团聚，但不少人出国后发现情况与出国前的想象尚有距离，原本想长期在外发展却变为短期行为的打拼。青年男女到国外后，难免思念国内和家人，又因缺乏人生磨炼，面对比较艰苦的环境，不少人一遇到困难就打退堂鼓，这一现象在非洲国家的新侨中司空见惯。其二，近年来，20世纪90年代初期奔赴非洲闯天下的新侨多因事业有成、年龄偏大而回国，长期生活在国内，偶有事务才去非洲一趟，他们实际上已不再属于非洲新侨。这一点与中国传统"落叶归根"有关，也与非洲国家的情况紧密相连，如南非新侨回国的一大主因就是考虑到南非社会治安问题。其三，非洲新侨中不乏移民到北美和大洋洲者，主要驱动力是为了子女教育问题，外加非洲国家的情况，如经济不景气、社会治安不理想等因素。其四，针对非洲新侨不断增加的事实，一些非洲国家不同程度地收缩了对中国人的签证，如南非、安哥拉和尼日利亚等国因打击和清理邻国的非法移民，同时加强了对中国人入境签证的管理工作。

基于以上分析，我们认为可以得出以下结论：总体数量基本稳定、国家之间流动性强、人员素质普遍提升构成非洲华侨的三大特点。

首先，在未来一定时期内，非洲华侨华人的数量将会总体稳定在目前的数量上，基本上不会出现大起大落的情况。这是由中非关系发展的总趋势决定的。目前的中非关系继续保持在高位发展，中非合作论坛约翰内斯堡峰会和北京峰会将中非关系推向新高，中非全面战略合作伙伴关系稳步健康前进，中非经贸关系继续走在前列，人文交流迎头追赶，前往和离开非洲的华侨华人数量总体保持稳定。当然，在这一大前提下，非洲华侨华人数量可能会出现短期内的增加甚或是减少，但这种增加和减少都会以一种平和的方式出现，不会出现大增大减、暴增暴减、大起大落的情况。

其次，个体户和私营企业是非洲华侨的主体，他们是市场经济的弄潮儿，一群嗅觉灵敏的"经济候鸟"，流动性强构成他们的一大特点。这一流动性强不是指中国与非洲之间的远距离旅行，而是指在非洲国家之间的来回迁徙。促使他们往返迁徙的动因是非洲各国经济发展新情况、移民政策新变化和中非关系新进展。例如，前些年，津巴布韦经济发展不景气，津巴布韦的华侨随之转移到邻国赞比亚，赞比亚的华侨队伍迅速扩大；近年来，随着津巴布韦政局变化，经济回暖，一批华侨又从赞比亚返回津巴布韦。再如，由于中肯共建"一带一路"走在非洲国家的前列，蒙内铁路项目的成功修建，肯尼亚的华侨数量迅速增加，而前往肯尼亚的华侨也有不少人来自周围邻国。

最后，随着中非关系的全面发展和升级转型，前往非洲的新生代华侨知识层次较高、创新意识较强、业务水平较硬，就像当年前往非洲的他们的父辈那样，成为市场经济新的弄潮儿。人员素质普遍提高成为非洲华侨的另一显著特点。改革开放后，由于种种原因，前往非洲的新侨数量增加较快，但与前往欧美的华侨移民相比，人员素质普遍较低。这与当时非洲的经济社会发展状况和老百姓的生活水平是相适应的。随着非洲经济社会的发展和人民群众生活水平的提高，当年的华侨在市场经济的大潮中快速成长，他们方方面面的水平和能力与时俱进，紧跟和适应着经济社会的进步和中非关系的发展。新老两代非洲侨胞素质的普遍提高不但为非洲当地的经济社会发展提供了人才支撑，而且为中非关系的进一步发展提供了人才保障。我们对非洲大陆的未来充满希望，对中非关系的未来充满信心。

非洲华侨的三大特点——总体数量基本稳定、国家之间流动性强、人员素质普遍提升之间相互联系、相互补充、相互影响。非洲华侨华人的数量总体保持稳定是一个基本观点。在观察非洲华侨华人数量变化时，当看到一个国家或是几个国家的华侨数量增加，就会想到另一个国家或是几个国家的华侨数量同时在减少。因为流动性强是非洲华侨的一个基本特征，非洲华侨华人数量的绝对增加或是减少在一个时期内不会出现比较大的波动。另外，这种华侨数量的变动多发生在知识层次较高、视野较宽、见识较广的华侨中间。而正是他们见多识广、反应灵敏、适应性强，使他们能够在"风起于青萍之末"就能敏锐地抓住市场经济变化的前兆和信息，适时地流动起来，去追逐属于自己的天地，去追求符合自己心意的事业。

三 非洲华侨华人形象及其演变

历史上，非洲华侨华人的形象经历了一个变迁过程，这既与中非各自历史演化有关，也与世界历史发展紧密相连。特别是中华人民共和国成立以来，中非之间交往日益密切、中国对非洲政策高效务实，为华侨华人在非洲正面形象的塑造提供了良好的环境和支持。从当前来看，非洲华侨华人的形象总体上是积极和正面的，但尽管如此，仍有一些负面形象困扰着他们在非洲当地的发展。

（一）非洲华侨华人形象的历史变迁

1. 古代中非之间的平等友好交往

在秦汉时期，非洲文明古国埃及就与中国通过丝绸之路有了间接贸易交往，《史记》中有中国派遣使节远赴埃及的记载。唐代杜环（762 年—?）的《经行记》是中国人所著的首部西亚非洲游记，为中非交往提供了珍贵史料。除几位阿拉伯旅行家所著文献外，同时期的非洲鲜有与中国交往的文字记录。到元代，中国大旅行家汪大渊游历非洲十余国，著有《岛夷志略》。前后仅差几年，北非摩洛哥伟大的旅行家伊本·白图泰到访中国，先后访问了泉州、广州、杭州和北京等地，他所著《伊本·白图泰游记》对当时中国的瓷器、货币、手工艺、商旅和风土人情等进行了较为详细的描述，这既是他对古代中国美好印象的珍贵记录，也展现了古代中非之间平等、友好交往的场景。鉴于《伊本·白图泰游记》在世界各国，尤其是阿拉伯国家的影响，其对中国的描述无疑对这些后来国家了解中国产生了重要影响。

2. 郑和船员后裔所代表的传统美德

在 15 世纪初的明朝，郑和七下西洋四次访问非洲。从永乐十一年（1413）第四次下西洋开始到宣德八年（1433）第七次下西洋结束，郑和船队的足迹曾到达非洲东海岸。在此期间，郑和船队中的一艘船在肯尼亚帕泰岛附近触礁，数百名船员逃生至岛上并定居，进而落地生根，融入非洲大家庭，与当地女子结婚延续后代。如此，这些当年船难留下的郑和船队水手就当之无愧地成为最早的非洲华人。

这些船员在当地定居后,并没有恃强凌弱,而是谦和平等地对待当地居民,而且他们还利用自己的一技之长主动为当地社会服务,并因此而赢得了当地社会的信任和大度包容。根据帕泰岛所遗留的建筑风格、瓷器碎片、中国医术和风俗习惯,均可一窥当年郑和船队落难水手们用自己的勤劳与智慧,融入当地社会、帮助当地民众的善行与景况。而且与之后殖民非洲的西方殖民者和白人移民相比,他们体现了更为珍贵的美德:在与非洲当地居民的关系上,他们是平等相处而非进行压迫;在对待非洲资源的方式上,他们是共享而非掠夺;在与非洲当地居民的情感距离上,他们是亲近与向心,而非遥远与离心;在与非洲传统文化的关系上,他们是融合而非排斥。可以说,他们身上所体现的和谐相处、勤劳上进、助人为乐等中国优秀的传统文化和中华民族的传统美德,为中国和中国人民在非洲赢得了信任和赞誉,为近代以来中非关系的友好发展产生了积极的影响。

3. 早期契约劳工与自由移民的复杂形象

李安山教授在《在非洲落地生根》中称,1593年,葡萄牙人将中国人运送到南非,但有案可查的抵达非洲的早期中国移民,是1654年荷兰东印度公司的殖民者,将3名中国人从印度尼西亚巴达维亚(今雅加达）运送到毛里求斯做苦力；1660年，1名华人被东印度公司从巴达维亚驱逐至好望角，成为有据可查定居非洲的第一个中国人。

李安山教授将非洲早期华侨华人主要分为两类：契约劳工与自由移民。1766年，具有一定数量和规模的华人从中国被直接运往毛里求斯，他们成为非洲第一批契约华工。此后，又有大量华工被运往留尼汪、圣赫勒拿岛、马达加斯加、坦葛尼喀和刚果自由邦等地。据统计，从18世纪中叶到1910年，非洲共从中国引进契约劳工14.2万人。同时期赴非洲的自由移民，多是被流放的囚犯、反清志士、走投无路的农民，以及契约结束后留在当地的华人。

进入19世纪后，由于中国国力继续衰败，这些华工被西方殖民者装载上船运往非洲和世界其他地方后，只能充当苦力，他们甚至被西方戏称为"猪仔"。马森（Mary Gertrude Mason）在《西方的中国及中国人观念1840—1876》书中指出，这一时期，西方殖民者将中国人描述为"勤勉、友善、怯懦、精明，以撒谎著称，虚伪无耻"的复杂形象；严海蓉、沙伯力《中国在非洲：华语与现实》中也指出，西方殖民者甚至炮制了所谓"黄祸"的话语，中国人被描绘成了"世界上最阴险、最污秽、最讨厌和最卑鄙的一种两条腿儿的动物"。西方殖民者对中国人形象的建构也影响到了这一时期华侨华人在非洲的形象，其中南非分别在1902年和1904年推出限制和禁止华人移民的法案，不得不说与西方殖民者所谓"黄祸"的话语有很大的关系。另外一个广为人知的例子，是南非殖民政府在1907年要求"亚洲人"用指纹等个人信息进行特别登记，并要求他们携带通行证，这一歧视性的政策虽遭到了在非华工的抵制，却奠定了此后种族隔离时期南非殖民政府对华侨华人进行歧视和限制，包括限制他们经商和开矿等的基础。

4. 中华人民共和国成立前后的精神风貌

在20世纪三四十年代，日本大肆侵华，许多沿海居民为躲避战乱远赴异国他乡，其中一些去了非洲定居，如毛里求斯华侨从1911年的3668人增加到1944年的10882人，南非华侨从1904年的2457人增加到1946年的4340人。1949年中华人民共和国成立之初，国内移民政策较为宽松，一些人就去非洲投亲靠友，他们集中生活在毛里求斯、马达加斯加、南非、留尼汪等国家和地区。华侨华人大多从事个体经营活动，由于精明能干、不怕吃苦，快速发财致富，完成了从苦力到商人的转变。有些甚至还形成家族式经营产业，二三代华人中间不乏有人跻身于当地的政治和商界精英之列。尽管这一时期不少非洲国家存在歧视华人现象，但是非洲华侨华人充分展现了教育程度较高、经济状况较好、勤劳吃苦上进、积极融入当地社会的精神风貌，逐渐摆脱了贫穷、懦弱的负面形象。

这一时期，中国人民曾大力声援和支持非洲人民反抗殖民侵略和争取民族独立的斗争。1908年，摩洛哥爆发反抗法国殖民统治的斗争，《东方杂志》等媒体相继发文对其加以支持。1935—1941年埃塞俄比亚抗击意大利战争期间，正值中国抗日民族救亡运动时期，共同抗击法西斯侵略的斗争使两国"同病相怜"，中国人民对埃塞俄比亚人民的抗意战争给予了广泛的声援，这成为现代中非关系史上光辉的一页。中华人民共和国成立后，中国又为非洲各国争取民族独立的斗争提供了大量的援助和支持。可以说，中华人民共和国成立前后中国人民对非洲人民的这些支持活动，为改善中国、中国人和在非华侨华人的形象做出了积极的贡献。

5. 改革开放前后的中国新形象

中华人民共和国成立后，中国赴非人员陆续增加。20世纪50—70年代，在非洲国家争取民族独立、国家解放的过程中，中非成为患难与共的真挚朋友。中国向非洲大陆不断伸出援助之手，确立了新中国在非洲的良好形象。中国改革开放政策促使非洲华侨华人呈现多元化发展。除传统意义上的中国国有企业和中国公派人员外，更多的中国民营企业在非洲大陆寻找商机，成为非洲的新移民。他们用自己勤劳的双手为非洲各行各业的发展做出了贡献，赢得了非洲当地人的赞誉，树立了拼搏奋斗、与非洲人民平等和谐相处的良好中国形象。

（二）对非洲华侨华人形象的不同看法

当前非洲华侨华人的形象，主要是指当前非洲人和中国人对新一代华侨华人的看法，此前已有中国前政府官员和学者对此进行了一些研究和阐述，这为本报告总结当前非洲华侨华人的形象提供了重要参考。

1. 中国前外交官的看法

中国前驻津巴布韦大使袁南生曾在《走进非洲》一书中对非洲华侨华人的贡献和存在的问题进行了概括。他认为华侨华人对非洲的贡献主要体现在五个方面：一是对非洲经济建设和社会生活起到了促进作用；二是在促进中非相互理解和友好往来方面起到了桥梁作用；三是在"反独促统"方面起到了呐喊作用；四是在中国现代化建设方面发挥了支援作用；五是在回馈当地社会、关心弱势群体方面发挥了积极作用。

袁南生认为，与老一代华侨华人相比，新一代华侨华人办事风格要张扬得多，大胆得多，且他们在事业起步与致富方式等方面也与老一代华人存在较大不同，这也因此而导致他们产生了一些问题。如一些人急于完成资本的原始积累，因而缺乏诚信观念，存在坑蒙拐骗、假冒伪劣的行为，善于、勤于"把国内的假冒伪劣产品'倒腾'到非洲"，"乐于当人贩子，当蛇头，通过非法移民捞取钱财，更有甚者，新华人中的个别人，甚至把国内黑社会的一套搞法移植到非洲，为了争夺利益，不惜大打出手，杀人越货"。此外，还有一些新华人以老板的眼光居高临下地看待当地人，对黑人不够尊重。上述行为，无疑都在败坏中国人的形象。

2. 中国前政府官员的观点

中国商务部前副部长魏建国则对非洲华商进行了评价，此处的"非洲华商"应指的是新一代的华侨华人。魏建国指出，当前华商在非洲已经取得了较大的成功，而且在贸易的带动下，他们还在非洲进行了一些投资，创造了不少就业机会，提高了中国人在非洲当地的形象。他认为，华商之所以能够在非洲取得成功，原因主要包括如下几个方面：首先，经营方式灵活多样，能够适应非洲当地市场多品种、小批量、个性化的需求特点，迅速采取措施以规避风险和满足市场需求；其次，有吃苦耐劳的精神，他们不怕艰苦，能因陋就简，在困境中求生存、谋发展；最后，善于运用国家的政策，只要国家出台相关政策，他们就能及时抓住有利时机，所以在许多非洲国家，民营企业的投资额、营业额、常驻人数等方面都要远超国有企业。

但非洲华商也存在一些问题，其中包括：第一，普遍缺少文化积淀，内部管理不规范，懂外语、懂管理的人才相对短缺；第二，偏重以数量扩张为主的粗放增长，缺乏品牌意识，销售网络薄弱；第三，无序竞争情况较为普遍、兜售假冒伪劣商品，进行低价竞销等现象层出不穷，不但扰乱了市场经营秩序，而且损害了中国产品的形象；第四，忽视生产技术的提高和创新，研发能力薄弱；第五，不注意保护当地环境和劳工权益，缺乏履行社会责任的意识。

3. 学者的调查

香港学者沙伯力和严海蓉曾在博茨瓦纳、埃及、埃塞俄比亚、加纳、肯尼亚、尼日利亚、南非、苏丹和赞比亚9个非洲国家对非洲人对中非关系的认知进行调查，其中与华侨华人相关的调查项包括"中国人对当地社会的适应程度（与西方人相比）"，"对所在

国家的中国人的印象",以及"对于更多的中国移民有利于非洲发展这一说法的看法"。调查结果情况如下:

就中国人对当地社会的适应程度(与西方人相比)而言,除赞比亚外,其他国家都有更多的受访者认为中国人比西方人更适应当地社会;而在全部1902名受访者中,有457人认为中国人更适应,500人认为中国人较适应,228人认为中国人较不适应,194人认为中国人更不适应,其余523人认为一样或无法比较。

就对所在国家中国人的印象而言,受访者绝大多数对中国人持有正面的印象。在1641个受访者当中,有1192人认为中国人勤劳,151人认为中国人自律,152人认为中国人友善;认为中国人不友善、自私、不善交际、不自律,以及是种族主义者和机会主义者的,则仅有146人。

对于更多的中国移民是否会有利于非洲发展这一问题,在七个开展这项调查的国家中,埃及(52%)和博茨瓦纳(49%)约有一半的人持否定态度;南非持中立态度的人占到69.2%;肯尼亚(41%)、埃塞俄比亚(39%)和尼日利亚(36%)持肯定态度的人比持否定态度的人多约10%,苏丹持肯定态度的人(40.1%)则刚刚超过持否定态度的人(38.1%)。总体而言,在1445个受访者中,持肯定态度的人为432

人，持否定态度的人为 496 人，其他 517 人则保持中立。调查者认为，即便对自由主义盛行的欧洲，本地人对移民和移民者的反对都十分常见，而且，由于调查给出的问题是"更多的中国移民"，所以那些持反对态度的人可能仍然认可当前的移民水平。

（三）非洲华侨华人的正面形象

从上文可以看出，当代华侨华人在非洲的形象总体而言是积极和正面的。中国在非洲的良好形象既与中非关系的优良传统息息相关，又同中国政府正确的对非洲政策紧密相连。特别是在以习近平同志为核心的党中央正确领导下，在中非双方共同努力下，中非关系取得长足发展，中非人民之间的友好交往也得到了进一步深化，这无疑有助于构建华侨华人在非洲的良好形象。总体而言，我们认为当前华侨华人在非洲的正面形象包括如下几个方面。

1. 勤劳敬业、奋斗拼搏

2018 年 1 月发布的《中国国家形象全球调查报告 2016—2017》显示，中国人的勤劳敬业给海外受访者留下了最深印象。非洲华侨华人怀抱奋斗理想来到非洲这片广袤大地，不辞辛苦地挥洒着自己的青春和汗水。他们不畏困难、艰苦奋斗，在非洲各地努力打拼。很多中国员工自觉加班加点，这在许多驻非中资企业内是非常普遍的现象。中国人勤奋能干给当地非洲民众留下了深刻印象，非洲人对中国人的拼搏精神赞赏有加。学者李鹏涛对在非中资企业的调研发现，中方员工的守时高效、勤俭节约、吃苦耐劳，对周围的非洲员工产生了潜移默化的影响。

李其荣曾对非洲华商发展的特点及原因进行了分析，他在文中认为华商成功的哲学在于他们富有拼搏和开拓的精神，他们敢于到非洲打拼，艰苦奋斗、白手起家。"环顾这些非洲华商精英，每一个人都是一部拼搏向上的书。"他还引用了路透社关于非洲当地商人对在非华人的看法：阿尔及利亚的穆罕默德·巴迪（Mohamed Badi）认为，"中国人是非常有竞争力的，他们纪律严明"；赞比亚的古德威尔·卡尔巴（Goodwell Kaluba）说，"我们的员工的劳动权利要求一天工作八个小时，但中国劳动者连续工作12小时不抱怨"。

南部非洲上海工商联谊总会编写的《追梦》一书也记载了许多华侨华人勤劳、奋斗并终有所成的故事。马先生40多岁才前往南非，经过一年多的打拼后开始摆地摊，"他勤奋能干、诚实实在地经营着自己的摆摊生意，给当地人留下了不错的印象"，他先后搬了几次家，摆摊地点从街头转到跳蚤市场，并最终开设四家店铺，买了房子，还拿到了"南非绿卡"。尹云芳夫妇也有着类似的经历，在为别人打了一段时间的工后，他们从1992年开始在约堡南部的工业区"顶着烈日，顶着风雨，顶着危险，每天坚持出摊"，虽然很辛苦，但是生意很好，有时一天的收益就相当于国内当时一年的收入，经过二十多年的奋斗，他们最终在约堡、比陀等地建立了五个东方商城，还组建了南非华人艺术团。

2. 勤俭节约、善良友爱

非洲华侨华人勤俭节约、善良友爱的品格及互帮互助的集体主义精神对非洲民众的生活习惯和价值观产生了积极影响。很多非洲人没有银行存款，习惯于领日薪，钱花完了再回来工作。一些在中资企业工作的非洲员工，看到自己的中国同事把工资一部分节省下来存进银行，也受到了感染，逐渐有了理财的观念，慢慢改变了家庭贫困的面貌。一位在科特迪瓦中资企业工作的非洲员工，下班途中不幸遭遇车祸受伤，中方领导和中方员工第一时间前往医院慰问直到患者康复，令这位非洲员工及其家人感受到中资企业的温暖和互帮互助的重要性。

华侨华人还在非洲各国开展了大量的慈善和人道主义救助活动。南非华商自2004年开始向当地贫困社区捐赠物品，仅8年的时间捐赠物资金额便达近300万兰特，从中受益的贫困家庭达到近2800户。津巴布韦华人商会下设"非爱不可"爱心妈妈组织和慈善公益部两个机构，自2014年以来开展了大量慈善活动，并受到习近平主席的表扬。《非洲华侨周报》微信公共平台曾报道，安哥拉南部地区在2019年上半年遭遇旱灾，当地百姓生活及牲畜生存遭遇极端困难，安哥拉浙江总商会发起紧急募捐，在两天时间内募集到一亿宽扎的资金和物资并以最快的速度送往灾区。《莫桑比克华人报》微信公共平台曾报道，2019年3月，莫桑比克遭遇"伊代"飓风袭击，第二大城市贝拉90%的建筑遭到损坏，不少村庄被洪水整体淹没，约有10万灾民因洪涝和食品短缺而面临生命危险。在此情况之下，莫桑比克侨领在3月21日发起捐助贝拉灾区倡议书，号召在莫华侨华人捐助救灾物资。捐赠活动进展异常顺利，3月21日当天和25日便有两批物资被移交给莫桑比克救灾管理局，莫桑比克第一夫人还专程参加了捐赠仪式。

3. 积极融入、安家落户

虽然有些华侨华人前往非洲是为了"赚快钱"，抱有"候鸟"或"过客"的心态，但更多的人开始转变观念，他们看到了非洲发展的巨大潜力和空间，并因此而选择融入非洲社会，在非洲安家落户、落地生根。本课题组通过在津巴布韦的调研了解到，很多华商都表示看好津巴布韦未来发展前景，愿意在此长期定居并为津经济发展建设贡献力量。沈晓雷后文对津巴布韦华侨华人的个案研究证明了这一观点。庄晨燕和李阳对坦桑尼亚华商的研究也表明，他们正积极谋求在经济领域融入当地社会，然而由于陌生的环境，截然不同的气候、语言、饮食和生活习惯等，他们在社会层面仍然还存在主动隔离的倾向。

近年来，华侨华人越来越重视与非洲当地民众和社区的互动关系，积极承担和履行企业社会责任，如为当地人打井、修路、建学校，与当地社区保持积极的沟通与合作，这些行为不但为他们的企业赢得良好的信誉，还为他们融入当地社会提供了良好的契机。2018年3月，本课题组曾前往位于赞比亚首都卢萨卡郊区的中材水泥工业园考察，该水泥工业园为中材集团投资兴建。中材集团在建设工业园的过程中，不仅建设了技术先进的水泥厂，创造了大量就业机会，而且还为当地创办了学校，修建了道路，架设了高压电线，以及解决电视、电信和饮用水等问题。该项目还未投产便已经获得赞比亚政府和当地民众的一致好评。

已经有多名华侨因对当地发展所做出的贡献而被授予酋长的称号。2019年4月25日，来自浙江诸暨市、在尼日利亚做外贸生意的张光宇因热心当地慈善事业，帮助当地企业发展和资助贫困学生等而荣获尼日利亚卡诺州酋长称号；5月6日，中国土木工程集团有限公司的工程师孔涛也因在帮助当地铺路的同时，为当地人提供就业机会和改善居民生活，而获封尼日利亚阿布贾吉瓦地区酋长。在此之前，华商胡介国、四达时代集团尼日利亚公司首席执行官刘金泉、中铁建中土尼日利亚有限公司总经理李庆勇、中地海外集团尼日利亚公司工作人员李满虎等人都先后获封尼日利亚酋长。虽然他们获封酋长大多是名誉性的，既没有实际权力也没有薪酬待遇，但这无疑体现了当地社会对他们为当地发展所做贡献的认可。

还有一些华侨通过与当地人结婚落地生根，如津巴布韦狂野旅行社的导游津山幼时跟随母亲前往津巴布韦，后与当地的中学同学结婚并已育有三个子女，现定居在维多利亚瀑布城。当然，也有一些华侨因长期侨居非洲而将其视为第二故乡，如津巴布韦紫荆花文化传媒公司总裁赵科已经在津工作与生活了23年，他的两个姐姐目前也在津巴布韦，对于他们而言，已经完全在津巴布韦安家落户。

4. 惠及当地、心系祖国

非洲华侨华人凭借聪明、智慧，经过拼搏奋斗从而过上了富足、体面的生活，在此过程中，他们的经济活动不仅惠及了当地，而且他们时刻关注中国的发展，并积极为促进中非关系发展贡献力量。老一代华人当中，毛里求斯的朱梅麟就是一个典型的例子。南美侨报网报道，作为在毛里求斯出生的第二代华裔，他曾在第二次世界大战期间组建中国人国土保卫队，抗击日本侵略者。第二次世界大战结束后，他出任毛里求斯立法委员会委员，随后又当选为国会议员，出任地区事务部部长。20世纪70年代，他带动毛里求斯发展加工出口业，大大促进了当地经济的腾飞。他的胞妹朱志筠是毛里求斯驻中国大陆的首位女大使。

从当前来看，非洲华侨华人也做出了许多惠及当地的事情。除上文提到的慈善活动和企业社会责任行为外，本报告在此着重强调一点，即为非洲就业和技术转移所做的贡献。沈晓雷通过对津巴布韦中国新移民的研究发现，津巴布韦华侨华人仅在批发零售业便雇用了当地1万多人。黛博拉·布罗蒂加姆（Deborah Bräutigam）则进一步指出，中国人在撒哈拉以南非洲的商业网对于非洲的工业化起到了催化剂的作用。麦肯锡2017年6月发布的报告《龙狮共舞》为此提供了更为全面和详细的数据：100多家被调研企业的雇员中，有89%为非洲当地人，总计为当地民众提供了30多万个工作岗位；约有2/3的受访企业表示为非洲本地员工提供了技能培训，有些企业还会安排本地员工前往中国进行集中培训；在非中国企业正在积极向当地进行技术转移：近1/2中国企业向非洲市场引入了新产品或新服务，超过1/3的企业引入了新技术。

李安山指出，中国在非新移民最大特点是与中国的关系密切，这点与老华人有所不同。与中国关系密切使得他们许多人都心系祖国，如四川汶川地震和青海玉树地震后，津巴布韦华商会都号召在津华人进行捐款赈灾。近年来，华侨华人在中非关系发展中的作用也日益突出，李杭蔚和施雪飞对赞比亚华侨社团的研究表明，就经济层面而言，华侨社团经常组织中国企业赴赞比亚进行商务考察和商务访问，制造合作机会和推动两国企业建立安全、稳定的经贸往来；就文化层面而言，华侨社团组织各种活动向赞比亚宣传中国文化，加深了中赞两国人民的相互了解；就政治领域而言，作为重要的非政府组织，华侨社团在中国对非外交尤其是民间外交中正发挥越来越大的作用。

（四）非洲华侨华人的负面形象

华侨华人形象是中国形象不可分割的一部分。非洲华侨华人积极参与驻在国政治、经济、文化等领域建设，为驻在国的发展和繁荣做出了突出贡献。他们用自己的辛勤汗水在非洲大陆上耕耘着、实现着自己的非洲梦。但是,伴随着中非关系全面、迅速、健康发展的同时,非洲华侨华人所代表的中国在非洲形象也出现一些问题,遇到一些挑战。在国家形象理论的视域下,非洲华侨华人所代表的中国形象对于非洲民众感知中国、了解中国,形成直观的中国印象具有难以替代的作用。部分华侨华人的不良言行举止给非洲民众认知中国人和中国形象产生了负面影响。

1. 产品质量堪忧

2016年,"非洲晴雨表"发布调查报告《中国在非洲日益广泛的存在赢得好评》,指出虽然受访者对中国形象整体持正面的看法,但在他们看来中国也有一些负面形象,而之所以会产生负面形象,中国产品的低劣质量是最为重要的原因,"超过1/3(35%)的非洲受访者表示中国产品的低劣质量损害了中国形象",而且在受访的36个国家中,有25个提到了这一问题。

产品质量问题确实严重影响了华侨华人乃至中国在非洲的形象,而且这是一个在非洲许多国家都存在的问题。刘植荣曾常驻埃塞俄比亚和喀麦隆,他在一篇流传较广的文章中指出,在非洲,"中国制造"是廉价、劣质商品的代名词,"Chino"一词甚至进入了斯瓦西里语词汇,专指价廉伪劣产品。他还列举了一些例子：喀麦隆的一位饭店服务员说中国的衣服中看不中穿，看上去很漂亮，但穿两天就坏了，所以她不再买"中国制造"，而是穿尼日利亚制造的裙子了；在坦桑尼亚经常听人说"又买了一个'Chino'，过两天又要换了"，等等。

本课题组在调研中也多次碰到类似的问题。在赤道几内亚，我们获悉一家中资企业在该国承建的居民住宅项目，因建筑材料质量问题而引发当地民众不满。在津巴布韦，2006 年前后，因来自中国的假冒伪劣产品遍布街头巷尾，当地人用歧视性称呼"Jing Zhong"来指称中国人；2017 年 11 月津巴布韦政治剧变期间，当地社交媒体出现排华言论，其中假冒伪劣商品成为一些人攻击中国的借口，且他们又创造了一个新的歧视性用语"Fong Hong"，用来指称中国商品。

2. 法律观念淡薄

虽然中国华侨华人在非洲日益增多和在当地的社会经济活动日益扩大，但是各类违法犯罪活动也不可避免地随之而来，最近几年影响较大的包括加纳非法采金事件，坦桑尼亚"象牙女王"事件等。在中非关系快速发展和网络媒体高度发达的背景之下，这些违法事件往往被过度放大，并造成华侨华人法律观念淡薄，有时甚至为了经济利益而不惜铤而走险的印象。

本课题组在调研时发现，华侨华人在非洲确实存在诸多违反当地法律的行为，比较普遍和具有典型性的包括如下几个方面：其一，不少中国人手持旅游或探亲签证入境非洲国家从事经贸活动，签证过期后由于无法拿到商务或工作签证，只能在当地非法滞留，乌干达、肯尼亚、津巴布韦和赞比亚等国经常发生警察或移民局官员突击检查中国人身份的事情，便是因为如此。其二，近年来，加纳、肯尼亚、尼日利亚、几内亚、坦桑尼亚和津巴布韦等20多个国家相继通过本土化立法，或者规定外资在企业股份中的占比，或者规定某些行业只能由当地人经营，但经常会有一些华侨华人为了经济利益而违反相关法规，或找人虚持股份，或签署阴阳合同，这一现象在穆加贝执政时期的津巴布韦尤为突出。其三，华侨华人在非洲偷税漏税的现象比较严重，为了尽最大可能地获取利润，既有人漏缴或少缴营业税和企业所得税，也有人进行灰色清关。此外，因偷税漏税所导致的不公平竞争经常会使当地企业破产，这无疑进一步加剧了当地人对华侨华人法律观念淡薄的印象。

3. 遇事拿钱解决

在非洲调研期间，经常会听到有华侨华人抱怨在非洲国家入关时会被海关人员索贿，或在街上开车时被交通警察拦下要钱，甚至在家中或商店里遭到假警察的勒索。每当问他们最后的结果如何，答案通常都是"交钱走人"或"破财消灾"。

这种局面的出现，固然与非洲有些政府官员或公务员的素质不高有关，但也与一些华侨华人在遇到事情的时候喜欢拿钱解决问题有很大的关系。固然，中国人讲求"穷家富路""多一事不如少一事"，甚或"破财消灾"。但除此之外，不少人之所以喜欢拿钱解决问题，其实与上文所说的法律意识淡薄，乃至不少人本身可能就存在问题有关。比如在入关时携带违禁物品，行车时不遵守交通规则，开商店手续不全，抑或移民身份存在问题，等等。而遇事拿钱解决所带来的后果，一是经常会有不法警察和官员对华侨华人选择性执法，"吃拿卡要"，并因此形成恶性循环；二是形成中国人好欺负，乃至中国人做事不规范、喜欢拿钱贿赂的负面形象。

4. 什么都敢下口

2012年4月，美国国际新闻网站 Global Post 发表了一篇名为《中国人吃光津巴布韦的濒危野生动物》的文章，其中讲到中国工人正在津巴布韦大肆购买乌龟、蟒蛇和猎豹等野生动物并把它们搬上餐桌，而

"非洲哪里有中国人,哪里贩卖珍稀动物的现象就会增加"。该文发表后,随即被 Muckrack、Green Calling 和 abcNEWSRADIO 等数十个网站转载,因其受众较广,给华侨华人在非洲的形象产生了严重的负面影响。

大多中国人对食物没有太多挑剔,来到非洲大陆之后,确实有许多野生动物,甚至一些野生保护动物都被他们搬上了餐桌。他们的这种做法,一方面可能会违反非洲国家保护野生动物的法律;另一方面,还因为他们什么都吃,或者说是在吃的方面没有禁忌,而容易使当地人感觉不尊重他们的文化或风俗习惯。比如在埃塞俄比亚,驴子和狗是绝对不能吃的,如果吃这两种动物被当地人发现,肯定会产生不必要的麻烦。刘植荣在其文章中所举的例子也为此做了注脚:"在非洲某国,一家中国建筑公司偷吃了一只狗,当地人知道后集体罢工,表示抗议。"

总而言之,不同的意识形态、不同的国家民族、不同的社会阶层,代表着不同的利益群体,各自又站在不同的观察角度,且不说一些人还戴着有色眼镜,自然会对非洲华侨华人的形象得出不同的看法,形成不同的观点。作为中国人,我们应该以理性、包容、宽大的视野和胸怀,客观地看待非洲华侨华人的形象,扬长避短,正确引导,发扬成绩,纠正错误,不断提升非洲华侨华人的国际形象。

四　非洲华侨华人形象产生原因

总体而言，华侨华人在非洲的形象是积极正面的。这主要是源于中国人勤劳坚毅、爱国向善、和平友好、诚实守信的民族特性。一方面，中华人民共和国成立70年来所取得的伟大成就、中非关系全方位的大发展，使得华侨华人在非洲的形象更加饱满、更加立体；另一方面，越来越多的中国人奔赴非洲"淘金"，一小部分华人的素质堪忧；中非民众之间的了解还不够深入、不够全面；加之一些对华不友好的西方势力从中作梗，在非华侨华人形象不可避免地出现了这样或那样的问题。在非华侨华人正面形象的持续塑造和发扬光大，对于中非关系的可持续发展，对于构建更加紧密的中非命运共同体都是不可或缺的。中非双方都应正面应对并积极解决面临的一些问题。

（一）非洲华侨华人正面形象产生的原因

从古至今，非洲华侨华人形象中不变的是中华儿女勤劳、聪明、善良、心系祖国的优秀传统美德；而改变的则是越来越多非洲华侨华人通过个人奋斗、勤劳致富，过上了富裕生活，摆脱了过去贫困、疾苦的羸弱形象，这背后与祖国母亲的日益发展和强大密不可分。从非洲华侨华人形象历史变迁可以看出，当代非洲华侨华人所展现的优秀品质和良好形象与中国政府正确的对非洲政策息息相关，也与在非企业在非洲建功立业的同时积极践行企业社会责任，与在非华侨华人的公益活动密不可分。

1. 中国一以贯之的对非政策

中非关系源远流长，最为外界津津乐道的莫过于600多年前的郑和下西洋，其对中非关系中的影响力至今犹存。如今，肯尼亚的帕泰岛（Pate）上还有一个郑和船队后裔的"中国村"，中国的传统医术得以在那里发扬光大。[①] 中肯学者联合考古的新发现还有可

[①] 参见李新烽主编《郑和与非洲》第三编"郑和舟师在非洲遗存探析"，中国社会科学出版社2012年版，第233—255页。

能改写东非海岸的历史。① 中非交往的悠久历史，为"一带一路"建设提供了文明交流互鉴的深厚底蕴。

中国和非洲从来都是命运共同体，相同的历史遭遇和共同的反殖反帝反霸斗争使二者结下了深厚的战斗友谊。早在红军长征途中，1931年在江西瑞金创刊的中国共产党的第一份机关报——《红色中华》就对埃塞俄比亚人民抗击意大利法西斯的侵略战争进行了报道和声援。当时，上海、北京和天津等地的进步报刊也刊发了大量抨击意大利法西斯侵略战争和讴歌埃塞俄比亚人民英勇斗争的文章，在中非关系史上留下了光辉的一页。② 中国支持非洲民族独立运动更是在中非关系史上挥洒了浓墨重彩的一笔。

中国一贯奉行的对非外交政策、周恩来总理1964年在加纳演讲时向外界宣布的对外经济技术援助的八项原则等等，都是伴随着中非关系在1956年的开启逐步形成并不断得到完善的。中国首倡的处理国家间关系的和平共处五项原则，在1955年成为亚非会议的一项重要成果。中国向非洲派遣医疗队的历史可追溯到1963年1月。当时，应阿尔及利亚政府的邀请，中国政府向该国派遣了三支医疗队，开创了新中国援外医

---

① 曾江：《中肯联合考古进入第二阶段：新发现有望改写非洲东海岸历史》，《中国社会科学报》2012年7月30日。

② 参见张忠祥《现代中非关系史上光辉的一页——中国人民声援埃塞俄比亚人民抗意战争》，《西亚非洲》1993年第2期。

疗队的历史。① 大爱无疆的胸怀，精湛的医术和无私奉献的精神，使得医疗队成为中非关系中的白衣天使，为非洲民众解除病痛的同时，也润物细无声地塑造了华人的高尚形象。在埃博拉病毒肆虐西非国家的日子里，当别国的医生撤离非洲时，中国医生不仅没有后退，而且继续坚守在抗击埃博拉的第一线，中国政府还在第一时间给疫病暴发国提供大规模的援助，并派遣医疗专家组，帮助非洲国家开展防疫工作，提升疫病应对能力，不仅"授人以鱼"，更重视"授人以渔"。患难见真情，在非华人形象在一次次出色的危机应对中得到了良好的展现和提升。

中非关系在半个多世纪里经历了不少风风雨雨，其连续性令人赞叹。北京大学李安山教授指出，这种连续性主要表现在贯穿着一条"平等相待、尊重主权、共同发展"的主线。② 中国始终如一地坚持并不断发展和完善着对非关系的基本原则。中非关系今天的大发展是伴随着中国改革开放事业不断取得进步、中国国内外环境的变迁以及经济全球化的日益深化而出现的。中国与非洲关系的日益紧密，被有些西方学者说

---

① 李安山：《中国援外医疗队的历史、规模及其影响》，《外交评论》2009 年第 1 期。

② 李安山：《论"中国崛起"语境中的中非关系——兼评国外的三种观点》，《世界经济与政治》2006 年第 11 期。

成中国"重返"① 非洲，但这很大程度上忽视了中非关系的悠久历史和连续性。这一点与西方截然不同。在他们的眼里，非洲是"黑暗的大陆"，西方对非洲的殖民统治被美化成了对非洲的"拯救"和"开化"使命。在21世纪初，在一些西方媒体和学术界中，非洲仍被描绘成"没有希望的大陆"，冷战结束后，西方国家对非洲的兴趣日益衰减。只是在最近几年，伴随着非洲国家经济的良好表现和中非关系的持续升温，非洲才被称为"充满希望的大陆""崛起的非洲"②。美国主导的西方反恐战争也将战线不断向非洲扩展，非洲的战略地位得到进一步提升。正是在上述背景下，西方国家才重新重视起了非洲，用"重返"非洲来描述他们，倒是比较贴切。中国与非洲，不离不弃，永远站在一起。

2015年12月4日，习近平主席在中非合作论坛约翰内斯堡峰会开幕式致辞时强调，中方将秉持"真、实、亲、诚"对非政策理念和正确义利观，同非洲朋友携手迈向合作共赢、共同发展的新时代，将中非新

---

① See Chris Alden, Daniel Large, and Ricardo Soares de Oliveirs eds., *China Returns to Africa: A Rising Power and A Continent Embrace*, New York: Columbia University Press, 2008.

② 参见2000年5月11日和2011年12月3日英国《经济学人》杂志（*The Economist*）以两种截然不同的封面大标题对非洲所做的报道。http://www.economist.com/node/333429; http://www.economist.com/node/21541015。

型战略伙伴关系提升为全面战略合作伙伴关系。同日，中国政府在约翰内斯堡发表《中国对非洲政策文件》，文件中再次阐明真实亲诚对非政策理念对推动中非关系、扩大民间交往的重要性，再次指明正确义利观是中国对非外交的一面旗帜，坚持互利共赢、真心诚意支持和帮助非洲实现和平、稳定与发展。2018年9月，中非合作论坛北京峰会"八大行动"，则开启了新时代中非合作的宏伟篇章。

2. 中国经济发展成就助力非洲经济社会发展

改革开放以来，中国以经济建设为中心，经济高速发展，40年来取得了辉煌成就，硬实力增强，综合国力提升，国际地位上升，软实力相应提高。约瑟夫·奈指出，"在20世纪的最后20年里，亚洲最大的国家中国以年均7%—9%的高增长率，使其国民生产总值惊人地增长了3倍，同时也提高了声誉和软实力"[1]。中国硬实力的提高，极大地提升了中国在非洲的软实力，因为前者可作为后者坚实的物基础。当中国成为世界第二大经济体时，中国援建的非盟会议中心成为中非关系的又一标志。中国经济发展的成就，产生了极大的示范效应，"向东看"已成为不少非洲

---

[1] 约瑟夫·奈：《软实力》，马娟娟译，中信出版社2013年版，第111页。

国家发展战略中的重要内容。[①] 2013年7月3日，肯尼亚政府宣布，将在西部的基苏木、沿海的蒙巴萨和拉穆设立特别经济区。[②] 这是肯尼亚借鉴中国经验，发展本国经济的新举措，也是中国在非洲软实力的又一例证。如今，中国经验已成为中非治国理政交流的重要内容，中国在非洲多国建立了工业园，助推非洲的工业化进程。

中国始终致力于尽自己的最大努力，为非洲国家经济社会的发展贡献力量。中国在非洲国家的基础设施中发挥了无可替代的作用，即使戴着有色眼镜观察中非关系的人也不得不承认这一点。非洲国家的领导人和普通民众更是深切地体会到了这一点。尼日利亚总统布哈里在谈到中国对尼铁路、机场等设施建设的贡献时，不无感激地说，中国不仅提供了高质量的工程，还为这些项目提供绝大部分的融资帮助，还没有其他哪一个国家能像中国做到这一点。中国在肯尼亚修建的高速公路，以高质量赢得了当地人的口碑。中国人修路留下的好名声广为流传。据肯尼亚媒体报道，当肯尼亚人碰到道路状况不佳或交通拥堵时，他们往往会说，快把合同给中国人吧，请他们来修路。让非

[①] 参见杨光主编《中东非洲发展报告（2010—2011）：解析中东非洲国家的"向东看"现象》，社会科学文献出版社2011年版。

[②] 中新网：2013年7月4日。

洲人通过看得见、摸得着的事物（公路、铁路、桥梁、机场和港口），改变以往对中国人和对中国质量的偏见，改善中国和华人在非洲的形象，比任何说教都更为有效。

3. 中企积极践行企业社会责任

中国企业在非洲的良好表现，给中国海外形象和华人华侨形象的提升增添了正能量。中央企业作为在非洲市场建功立业的主力军，其在履行企业社会责任方面也是可圈可点的。企业社会责任是企业可持续发展不可或缺的途径，对增强企业的竞争力和声誉非常重要。目前，不少央企根据国资委《关于中央企业履行企业社会责任的指导意见》要求，编制年度社会责任报告。例如，中国有色集团（以下简称"中色"）还发布了较为详细的《赞比亚2011社会责任报告》。在员工本地化与文化融合方面，"中色"为当地提供了超过12500个就业岗位，赞比亚员工本地化率超过了85%。"中色"还投入1.3亿美元用于基础设施建设和学校修缮，支援当地医疗设施，经营中赞友谊医院。[①] 越来越多的企业慢慢融入非洲，甚至在非洲扎下根来。在真实亲诚对非理念和正确义利观的指引下，

---

① 详细内容参见中国有色集团《赞比亚2011社会责任报告》，中国有色集团内部印制。

中国企业为当地创造就业机会,助学助残,注重环保,尊重非洲人的风俗习惯,赢得了所在国民众的赞扬。民营企业华为在开拓尼日利亚电讯市场的同时,还同当地慈善机构"浓情"一道,为尼日利亚乃至西非的儿童教育发展做出贡献,赢得了尼日利亚人民的信任,建立了良好的口碑。[①] 在非华侨华人的良好形象,不仅仅要依靠中国质优价低的过硬的产品来提升,更需要大大小小的中资公司来提升和维护。他们为当地人带来了难得的就业机会,帮助他们获得一技之长,不少非洲人的生活状况得到显著的改善。企业的可持续经营也走上了良性发展的轨迹。

4. 华人华侨搭起中非民心相通的桥梁

不少华人华侨通过艰苦打拼,在非洲建立起了自己的一番事业,他们深知自己的成功离不开非洲这片热土,更离不开非洲的民众。越来越多的华人华侨已经在非洲扎下了根,将非洲视作自己的第二故乡。他们在收获成功的同时,也没有忘记非洲,经常通过各种形式的公益慈善事业,将中国人的扶危济困、知恩图报、无私奉献的精神和善举展示在了非洲人民面前。这样的例子举不胜举。一些华侨华人因为对当地社区

---

① 新华网(http://news.xinhuanet.com/overseas/2013-06/02/c_115999575.htm)。

等发展做出了突出的贡献，还被授予非洲酋长的荣誉称号。在尼日利亚，就有好几位这样的华人酋长。特别是非洲历史上第一位华人酋长胡介国为当地建立了四所学校，对当地社会做出了很大贡献。华人获此殊荣，表明其得到了当地人的认可，也是华侨华人社会地位提升的一个例证。在津巴布韦，当地华人组织"爱心妈妈"捐资建设了"华商会爱心妈妈孤儿院"，为当地孤儿送去了爱心和温暖。中国人的善举受到当地官员和民众的交口称赞。非洲国家发生水灾或洪涝灾害的时候，当地华人华侨也是第一时间做出反应，积极捐款捐物，帮助受灾非洲民众渡过难关，重建家园。近年来，越来越多的中国青年志愿者，深入非洲的贫民窟，帮助修缮贫民窟的学校，给非洲儿童送去了营养午餐，帮助失学儿童回到课堂。一些环保组织如"平澜公益"还在非洲发起反盗猎救助大象等野生动物的活动。中国公民在野生动物保护领域的做法，是对所谓的中国破坏非洲环境的指控的一个有力反击。与西方国家相比，中国在非洲的志愿者活动可能起步比较晚，但发展势头迅猛，几乎覆盖了每一个非洲国家。他们是中非民心相通的真正践行者，搭起了一座座中非民心相通的桥梁。这部分华人华侨越多，他们的爱心和善举就会越聚越多，成为支撑在非华人华侨正面形象的一块块基石。

总之，非洲华侨华人所代表的优秀中国形象也与中非关系光荣传统息息相关。中非之间有着感同身受的历史遭遇和互帮互助的传统友谊。无论是中国支援非洲国家民族独立和解放事业，援助非洲国家建设以坦赞铁路为标志的大型基建项目，派遣医疗队、维和部队，还是非洲国家支持恢复中国在联合国合法席位，支持中国加入世贸组织、申办北京奥运会，为汶川地震灾民捐款等，中非之间、中非民众之间真诚的支持与帮助是中非友谊的坚定基础。

（二）非洲华人华侨负面形象产生的原因

由于中非文化观念、社会法律制度等存在较大的差异，中非双方在交往中难免会产生摩擦和问题。事实上，这些摩擦和问题产生的原因是多方面的，既有中非双方的原因，也有西方国家，特别是一些对华不友好势力的从中作梗。

1. 中非关系大发展引发各方对中国在非形象的关注

自2000年中非合作论坛成立以来，中非经贸关系不断深化。从贸易角度来看，2017年，中非贸易额达到1700亿美元，相比2000年增长超过15倍。从投资角度来看，截至2017年年底，中国对非直接投资的总量超过400亿美元，相较于2000年增长了接近70倍。《华侨华人蓝皮书：华侨华人研究报告（2016）》指出中非经贸合作日益密切与非洲中国新移民的快速增长有直接关系。截至2018年年初，据国务院侨办统计数据显示，世界范围内华侨华人数量达6000多万人。[1] 其中，非洲华侨华人数量占比不大，但增长速度迅猛。1996年非洲的华侨华人仅为13.6万人，[2] 但2012年约110万人。[3] 可见，16年里，非洲新移民数量增长约96万人。非洲华侨华人中新移民占比超过90%。[4] 其中，新移民主要包括创业移民、劳工移民和过境移民三类。伴随赴非人员增多，中非经贸往来中暴露出的产品质量差、法律意识淡薄等不良问题，危及了中国在非洲形象。这也可以说是非洲华人华侨负面形象产生的一个大背景。

---

[1] 国务院侨务办公室网站：《国务院关于华侨权益保护工作情况的报告（全文）》，http://www.gqb.gov.cn/news/2018/0426/44797.shtml。

[2] 李安山：《非洲华侨华人史》，中国华侨出版社2000年版，第568—569页。

[3] 李新烽：《试论非洲华侨华人数量》，中国社会科学院西亚非洲研究所网站（http://iwaas.cass.cn/xslt/fzlt/201508/t20150831_2609329.shtml）。

[4] 吕挺：《非洲华侨华人新移民教育需求分析与供给模式探索》，载《华侨华人蓝皮书：华侨华人研究报告（2016）》，社会科学文献出版社2016年版，第263页。

2. 西方媒体宣传导向恶意指向中国在非洲负面形象

长期以来，非洲国际舆论多由英、美、德、法、日等国的西方媒体所垄断。随着中非关系的大发展，中非关系所处的舆论环境比以往更为复杂。外交部非洲司前司长卢沙野将其概括为"三多"：对中非关系关注增多，对中非关系的正面评论不断增多，对中非关系的攻击抹黑仍呈多发态势。[①] 经济领域，西方媒体污蔑中国在非洲掠夺资源，中国廉价商品对非洲民族工业造成很大冲击，中国在非洲的采矿活动污染非洲的环境，中国出口商品质量低劣，中国假药充斥非洲市场，中国对非洲的优惠贷款会加重非洲的债务负担，中国企业在非工程承包中多雇佣中国劳工，排斥当地劳工；还有近年来甚嚣尘上的"债务陷阱论"。在政治领域则散布"中国威胁论"，指责中国对非援助不附加任何条件，削弱了国际社会改善非洲国家治理的努力，攻击中国以不干涉内政为借口，支持"独裁"与"腐败"政权，破坏了非洲的民主和良政；攻击中国在非洲搞"新殖民主义"，对非洲进行"掠夺"；鼓吹"中国责任论"，等等。西方媒体在中非关系报道

---

① 卢沙野：《在"国际传媒对中非关系报道视角及对中非关系影响"国际研讨会上的致辞》，2012年5月8日，http://www.fmprc.gov.cn/zflt/chn/xsjl/zflhyjljh/t930097.htm。

中存在上述问题，主要是因为：西方对中非关系的评价存在"意识形态取向"，出于西方精英的国家利益观和道德优越感；西方媒体难以摆脱西方或欧洲中心主义的影响，认为非洲是自己的势力范围；一些西方媒体戴着有色眼镜评价中非关系，动辄将经贸问题政治化，把个别问题普遍化，把所有问题都归咎于中国的做法；中非关系的确还存在不少需要改进和完善的地方，一些问题容易让西方媒体借机炒作。上述不实报道和肆意抹黑，对中国在非洲的形象造成极大负面影响。①

西方媒体和智库的涉华负面报道分为以下几类：一是，西方利用自己的话语权优势，刻意把中国描述成一个只重利润、只会"索取"而不关心非洲民主和人权的国家。② 在蒙内铁路建设期间，数家外媒蔑称这条铁路是继英国米轨之后的又一条"疯狂铁路"（lunatic line）和"白色大象"（white elephant）。一百多年前，英国殖民者和肯尼亚当地人民在修筑米轨铁路时曾付出惨重的生命代价，被英国议员称为"疯狂铁路"，"白色大象"则指华而不实的累赘物，而蒙内铁路完全是非洲人民的致富之路。2016 年 9 月，英国广

---

① 参见马桂花《"中国在非洲"的媒体报道缺失初探》，《对外传播》2010 年第 2 期。
② 邓聿文：《中国须打破对非关系的"新殖民主义"魔咒》，环球网（http://opinion.huanqiu.com/opinion_world/2013-04/3784660.html）。

播公司（BBC）的一篇报道还公开质疑蒙内铁路穿越内罗毕国家公园的举动，指责中资企业忽视动物保护，只字不提铁路建设中采取的各项环保措施。①

二是，西方媒体聚焦中国在非劳务人员和个体经营者群体，将其不当行为扩大化。2018年5月，英国《经济学人》的一篇报道指责在纳米比亚的中国工人与小商贩，只顾"攫取"利益，蔑视当地人并抢占他们的工作、破坏环境，与当地人已经形成了"相互厌恶""势不两立"的场面。② 最后，西方媒体对报道内容精心设计以污蔑中国人。2011年，BBC制作了一部纪录片，名叫"中国人来了"（Chinese are coming）。有学者对纪录片的文本进行了分析，发现叙述人所使用的词汇明显带有强烈的意识形态倾向和宣扬"中国威胁论"的基调。例如，采用"威胁""挑战""秀肌肉"等词，明显是暗指中国在国际舞台上的表现就是要挑战国际秩序，是一种威胁，中国凭借军事和经济这些硬实力是要改写游戏规则。而在描述美国的角色时，却用的是一个耐人寻味的"counterbalance"，意即美国发挥的是抵消中国威胁的作用，美国的国际贡献

---

① Could Kenya be building another "lunatic line", 2018年7月17日，BBC（http://www.bbc.com/news/world-africa-37493947）。

② *Chinese workers and traders in Africa*, The Special Report "A long way from home", *The Economist*, https://www.economist.com/special-report/2018/05/17/chinese-workers-and-traders-in-africa.

更积极、更有效、更显著。此外，具有讽刺意味的是，纪录片反映的是中国的崛起，但受访者中却没有中国人。[①] 从纪录片的标题来看，就是一个具有吸引眼球的设计。值得注意的是，西方智库是传播涉华虚假消息的重要幕后黑手。2017 年 1 月，日本政府花钱收买英国智库学者进行反华宣传的丑闻一经曝光，国际舆论哗然。这就从侧面揭露了西方编造中国负面形象的背后逻辑，中国在非洲的负面形象也是这样如法炮制的。

3. 部分非洲媒体自觉不自觉地成为西方媒体的"扩音器"

众所周知，非洲媒体起源于殖民统治时期，受西方媒体的影响很大。非洲国家独立后，前宗主国在社会、宗教、经济和文化等领域的遗产仍渗透在非洲人生活的方方面面，非洲媒体的技术和报道就是一个很好的证明。[②] 非洲国家媒体由于从业人员有限且多接受过西方教育，外加西方国家具有语言和文化优势，不少非洲媒体经常刊发和转载西方媒体的新闻报道。1997 年，时任南非总统的塔博·姆贝基（Thabo Mbeki）曾说过："很长时间以来，我们都靠别人来讲述我

---

① 李冬青、孟宇鸿：《对 BBC 纪录片〈中国人来了〉的批评语篇分析》，《语言学教学》。

② Jerry Komia Domatob, "The Challenge before African Media", *India International Centre Quarterly*, Vol. 15, No. 1（Spring 1988）, p. 79.

们自己的故事。我们像鹦鹉学舌一样把别人口中关于我们的词语和故事如同福音真理一般学来。即使是在非洲记者报道的新闻中，构建其内容的也往往是那些总部设在亚特兰大、纽约或者是伦敦的外国新闻机构。"[1] 虽然西方媒体把非洲描绘成一连串的灾难的做法也遭到非洲媒体的不满和批评，但西方媒体在新闻报道和塑造新闻工作者世界观方面仍然占据主导地位。有调查显示，非洲在外交事务和当地新闻报道方面对西方媒体和新闻机构的依赖性很大。还有研究表明，发展中国家的媒体在国际新闻采编时，主要使用西方通讯社提供的新闻，经常"剪贴"BBC的内容。大部分受访者对于中非关系的认知，一定程度上受到了西方媒体的影响，而被问到关于中国和中国人的主要信息来源时，一半的受访者认为是国际媒体，大学生受访者对信息的获取通常依赖国际媒体，而实际上大部分非洲国家所谓的国际媒体就指的是西方媒体。[2] 赞比亚媒体关于国际新闻的报道，包括中非关系的报道，绝大多数来自西方媒体。博茨瓦纳的报纸有大量的标题及内容诱导读者得出"反华"或"反中国"的结论。博茨瓦纳的媒体不仅靠西方媒体的报道对国

---

[1] 转引自严海蓉、沙伯力《中国在非洲：话语与现实》，社会科学文献出版社2017年版，第164页。
[2] 严海蓉、沙伯力：《中国在非洲：话语与现实》，社会科学文献出版社2017年版，第165页。

际事务进行分析，甚至一部分报刊就是英国人及在南非的白人拥有或管理的。值得注意的是，个别非洲私营媒体更是刊发有损于中非关系的虚假新闻，以博取大众的眼球。例如，2016年赞比亚小报《绯闻》（KACHEPA，在赞比亚第一大土著语中意思是绯闻、谣言传播者或散布者）造谣中国企业向非洲国家销售"人肉罐头"。

4. 中国媒体国际传播力的不足

近年来，新华社、国际广播电台、中央电视台、《中国日报》、《人民日报》等主流媒体在客观、公正、及时报道中非关系中发挥了重要作用，但仍有不少问题亟待解决。上述媒体关于非洲的报道多集中于非洲的政变、骚乱、极端组织、恐怖事件、突发事件、灾害、疾病等负面信息，而对于非洲国家经济、社会和文化等领域的发展变化缺乏全面、深入报道。与西方媒体对非传播相比，中国媒体的传播范围小，传播手段不强，推广工作少，知名度和影响力弱。以中国国际广播电台为例。国际广播电台在非洲已建立了20个分台，但人口覆盖率仍非常低，在人口大国尼日利亚、埃塞俄比亚以及刚果（金）等非洲国家，尚无整频率落地节目。中国媒体的豪萨语广播也要面对BBC豪萨语电台、法国的豪萨语电台的竞争。在阿拉伯语节目中，国际台仅在西非毛里塔尼亚首都努瓦克肖特开办了一家调频台，在阿拉伯语世界的北非国家尚无落地节目。[①] 中国媒体进入非洲虽较早，但加强在非洲布点是近几年的事，报道力量和报道理念亟待跟上形势的发展变化。中国媒体不大了解非洲受众的需求。据长期从事对非传播的新闻从业人员介绍，非洲人对中国最感兴趣的是经济和社会发展之道，尤其是中小企业发展经验，对中国的政治、旅游、人权等兴趣不是很大。而在中国媒体的对非传播中，更多的是带有"中国"字样的"大"新闻，很难引起非洲广大普通民众的兴趣。由于西方媒体的舆论霸权，中方媒体同非洲媒体一样，在有关中非信息传播中很大程度上处于"被代表"的境地。中国涉非媒体从业人员中不少人的教育背景是外语，关于非洲历史、政治、经济、社会、文化的知识储备较为欠缺，对国际传媒理论和策略的综合素质还有待进一步提高。另据长期驻非洲国家的中国记者观察，关于中非关系的舆论中心并不在非洲，而是在拥有强大国际话语权的西方。中国官方和企业不愿接受西方媒体的采访，成为中国外宣的一大短板，这就给西方媒体歪曲事实提供了可乘之机。

---

① 王庚年主编：《CRI/CIBN 海外分台受众市场研究》，中国国际广播出版社 2013 年版，第 296—297 页。

5. 中非泾渭分明的价值观念差异

中非在思想观念、文化习俗上存在明显差异，一些中国企业和个人的急功近利行为和缺乏法律意识，在很大程度上影响了中国的形象。一方面非洲华侨华人勤俭节约、纪律严明、拼搏奋斗的生活态度和工作精神给非洲民众的生活习惯和价值观念产生了积极影响；另一方面也令非洲当地民众由此产生了误读误解误会。首先，中非时间观念不同。中国人相对守时，对加班工作习以为常。在非洲，中国人加班加点完成生产任务非常普遍。但这种"拼命三郎"的工作态度令非洲人不解，误认为这些中国人是在自己国家犯了罪来非洲劳改的。[1] 其次，中非金钱观不同。中国人认为挣钱养家天经地义，所以甚至会"不惜一切代价"拼命挣钱；而非洲人喜欢领日薪，当"日光族"，钱花完了才回过头来再去找工作。再次，中非法律文化不同。中国人法律意识相对淡薄，遇事多选择用钱解决问题，给非洲人留下"有钱"而"不讲规矩"的形象；而非洲人办事多通过法律途径解决。最后，中非对"身在异乡为异客"的认知存在差异。中国人大都抱有"候鸟"心态，打算"挣了钱就离

---

[1] 2016年9月18日笔者在科特迪瓦经济首都阿比让调研时与当地中资企业代表座谈记录。

开", "落地生根"的意愿不强。此外, 在非洲的中国人往往由于语言不通、同当地人的生活习俗迥异以及安全考虑, 大多不愿意同当地人交流, 而是将活动范围限定在自己的小圈子中。喀麦隆媒体称, 在克里比港口的工地, 当地工人不仅抱怨工作条件差, 还抱怨他们和中国人被人为地隔离开来。大约300名中国工人住在一个封闭的营地里, 有各种生活设施、食堂和一名中国厨师。中国人几乎不会离开营地, 即使偶尔离开, 与当地人也没有什么接触。当地人的商品中国人基本上都不会买。① 中国企业对驴皮的大量需求引发南非、乌干达、肯尼亚等国媒体的关注, 他们指责中国对驴皮的贪婪需求导致偷盗驴子和非法屠宰盛行, 残酷的屠宰方式也令人无法接受。此外, 不少非洲人依赖毛驴作为生产劳动工具, 毛驴已成为其生活的一部分, 毛驴数量的急剧减少让不少非洲人的生活陷入困境。②

---

① Julius Schenkel, "Cameroon: China-backed Kribi port project in Cameroon leaves locals frustrated", http://allafrica.com/stories/201801100176.html.
② Silent donkey holocaust-China's insatiable need for meat, skins decimating SA herds, *Saturday Star* (Johannesburg, South Africa), May 13, 2017; China's demand for medicine fuels Africa donkey slaughter, *Daily Nation* (Nairobi, Kenya), *New Vision* (Kampala, Uganda), March 21, 2017; Donkeys rescued from brutal slaughter-Donkey skins are salted, packaged and transported to China, *The Citizen* (South Africa), March 2, 2017.

6. 赴非企业和人员层次良莠不齐

良好的国家形象有利于增强本国人的自信心和凝聚力，有利于挖掘国内其他一些资源，进而有利于促进一国全面地提升国际竞争力；良好的国际形象有助于形成对外界的吸引力，也有利于促进国家经济的发展和经济利益的实现；良好的国际形象有利于加强对外交流与合作，提升国家的国际地位，改善外交环境，增强国家对外交往能力，在国际上的发言权和影响力，提高国际声望，促进政治目标的实现；良好的国家形象有利于国家的长远发展。[①] 民众作为国家形象的核心代表之一，在国家形象管理中发挥着重要作用。特别是在民间交往中，一国民众的一言一行往往会被他国民众视作了解该国的重要途径，由此形成的印象会因认知捷径而被直接合成为国家形象。反观当前中国在非洲的国家形象塑造问题，我们可以发现，中国面临前所未有的压力和挑战。虽然中国与非洲友好关系源远流长，虽然中非是全天候的朋友，虽然中国秉持"真实亲诚"的对非外交政策和正确的"义利观"，但是由于目前中非关系的行为体发生了很大的变化，不仅仅是政府官方的事，大量私营的、个体的因素也加

[①] 陈正良：《中国"软实力"发展战略研究》，人民出版社2008年版，第281—287页。

入其中。这其中就不乏一些有损中国良好国家形象的事件发生。据《世界移民报告2018》(*World Migration Report* 2018) 显示,[①] 中国是全球第四大移民来源国,并且拥有大量迁出的劳工移民。由于中国赴非人员数量较大,这就导致他们之间的素质和行为差异较大,对于这批人员管理难度也相对较大。加纳非法采金事件就是一个典型的反面案例。

---

① *World Migration Report* 2018, https://www.iom.int/wmr/world-migration-report-2018.

五　南非华侨华人案例研究

　　中国人主要因为经济原因移民，华人移民非洲更是如此。一些移民最初只计划短暂停留，但他们最终定居当地；其他人则继续逗留。然而，一旦踏上了异国他乡，社会互动和融合都会是他们不可避免的挑战，无论是语言还是文化方面，全部或部分。由于语言往往被视为这些华人移民面临的最大挑战，因此是否附属于某个机构将会影响这些移民在移民国的认知和生活体验。成立协会是移民社区促进新移民融合，为他们提供机会并且保留他们特质的一种普遍方式。然而，回顾有关南非华人的文献资料，我们发现很少有人系统地探讨过这个问题。对于某些文化组织、政治协会、教育机构、宗教机构以及政府代表在南非华人生活中扮演着怎样的角色，相关文献也鲜有提及。

　　基于此，本课题组与南非人文科学研究理事会民主、治理和公共服务部门合作开展了一项采访调查

（共 26 人），以探析华人协会（文化、宗教、教育、社会政治或商业类协会）在比勒陀利亚当地华人生活中所扮演的角色及如何影响移民在移民国的经历。本次调查的重点是社会互动与社会关系，并以个人对当地几个华人协会的看法以及他们所描述的参与情况为基础。

（一）南非的三类华人群体

基于前人的研究，我们也将南非华人群体分为三类：第一类是19世纪70年代末来到南非的中国人（主要来自广州）后裔和在南非出生的第三代或第四代华人（南非华裔或华裔南非人）；第二类是20世纪七八十年代末被当时的工业发展政策所吸引到南非的中国台湾移民；第三类是20世纪90年代中后期的新移民，主要从中国大陆而来，中层管理人员、专业人员和个体小商贩。这三类群体根据"世代、文化和民族、语言、法律地位、教育、居住地、阶层、职业与身份"来划分。我们发现这种分类有效且实用，尤其是我们研究中涉及的某些协会也是通过这种分类方式来组织的。在南非，华人群体建立协会的历史由来已久。这些协会往往可以反映出三类华人群体间存在的界限，但有时候这些界限也会因为华人移民加入这些协会而变得模糊。这三类群体的移民历史可以为我们理解每类群体成员如何以及为何与当地华人协会建立联系提供一些背景资料。

关于南非华人的历史研究表明，第一批华人群体于19世纪70年代末来到南非，他们在南非出生的第三代或第四代后裔也被称作当地华人或南非籍华人。在本报告中，"南非华裔"和"南非籍华人"这两个措辞我们会交替使用。由于来自广州的华人与来自梅县的群体之间存在差异，这两个主要华人群体定居在不同的地区：前者主要定居在德兰士瓦省，而后者主要定居在沿海城市。1904—1910年，6万多名契约矿工从中国北方被带到这里，而且后来全部被遣返回国（虽然有些人推测，其中有一小部分人成功留在了南非）。早期大部分华人来南非都是为了淘金。然而由于当时的反华情绪和种族歧视比较严重，这些人留在南非也得不到采矿合同，所以他们大部分转而自己开店或做生意，而且他们的生意也仅限于开普通商铺、饭店、洗衣店、屠宰场、茶馆、赌场以及裁缝店。

很多华人曾打算回国，但是无颜面对江东父老的心情（即没赚到钱衣锦还乡）以及社会政治大事往往阻碍了他们的计划。在种族隔离期间，华人群体不但被贴上"亚洲人"和"有色人种"的标签，而且还受到非欧洲人（即黑人）一般的政策欺压。好在经过不断协商，他们因为人数少、在南非定居时间长、白人普遍接受程度高、生活水平高以及安分守己的特点而得到了某种程度的认可，并且所受待遇不断提高，但是他们的官方地位并没有改善。南非华人会说流利的粤语、英语和南非荷兰语，但是不会说普通话。

20世纪七八十年代，很多中国台湾人受种族隔离政府实行的工业发展政策吸引而来到南非，这些台湾投资者大部分定居在毗邻以前黑人家园的农村地区，并且建立了劳动密集型工厂，有纺织厂、服装厂、家具厂以及农产品加工厂。从20世纪70年代后期开始，由于南非加大对台湾商人的经济刺激力度，比如报销安置费用、连续七年的工资补贴、连续十年的商业租金补贴、提供住房贷款、去往城市的廉价商品运输成本以及有利的汇率，越来越多的人从台湾移民到南非。很多人在那之后成了永久居民。20世纪90年代早期，南非的中国台湾移民人数接近3万人，是南非华裔的3倍。与南非华裔不同的是，他们不在种族分类隔离之列，而且与日本人一道被视为是"荣誉白人"。这一问题，以及语言、人数、财富和劳资做法方面的差距、对参与南非政治的不同看法，还有所谓台湾移民要接管一些南非华人协会的阴谋论，使得台湾移民和南非华裔之间的关系极为紧张。20世纪90年代末和21世纪前十年，因为南非官方承认中华人民共和国、种族隔离制度结束后严峻的犯罪态势以及直接从中国大陆进口货物而不断减少的商机，很多台湾移民离开了南非。20世纪90年代中期，台湾移民人数达到了3万名，而如今下降到了6000—12000人。我们的一位受访者表示，大约2000人住在比勒陀利亚。这个群体的很多人都说普通话和英语。

20世纪80年代中期至90年代，另一批来自中国的移民潮在南非展开。一些学者把这一波最新的移民潮分为2000年前和2000年后。2000年前这一群体主要由中层管理人员和专业人士组成，他们大多致力于短期中国国家项目，但后来都决定留在南非。他们一般定居在大城市，并利用他们在中国的人脉从事进口、批发和分销业务。其他人将他们最初的生意扩展到了矿业、制造业和房地产开发领域。很多人说普通话和英语。相比之下，2000年后的群体主要包括小商贩和拥有有限资本、技能水平和教育水平低的小企业家，他们被低成本商品市场和较低的准入门槛吸引至非洲。大部分2000年后的移民群体说普通话和少量英文。在后种族隔离时代，因为新移民的流入以及廉价的进口商品（得益于1992年南非和中国之间的双边贸易关系的建立）、劳工纠纷和更严格劳动法的出台迫使许多台湾人关闭工厂并离开南非。由于新移民增加，中国台湾人也更加安定，台湾移民和南非华裔之间的紧张关系逐渐缓和，但与此同时，他们与新大陆移民之间的关系开始紧张起来。大陆人的大量涌入也对其他两个群体的认同感、华人性和声誉造成了影响：因为当地南非人很难分清这些华人群体，所有引起争议的行为和犯罪活动，例如犀牛角、鲍鱼和象牙偷猎、刺网捕鱼、劳工虐待、帮派战和欺诈等都归咎于全部中国人。

（二）南非境内的华人协会

南非境内的新老华人协会都反映了有关海外华人的文献所探讨的角色具有多样性，并证明了在南非社会三类华人群体中及群体之间，他们在互动、适应和归属感方面不断面临的挑战。这些群体中的个人参与情况也不尽相同，反映了华人从这些协会中可以获得的不同利益，以及他们对南非生活的策略和适应情况。在一定程度上，这三类群体之间的冲突和分歧以及联系和交往影响了他们对这些协会的参与，反过来这些协会也受他们参与的影响。

根据黄石秀、朴正云和陈英的研究，在南非和莱索托有120多个不同的华人协会，这表明南非境内的华人协会组织状态良好。早在1906年，当地华人就成立了第一批协会，这些协会是南非华人历史经验和记忆的一部分。正如前面所提到的，这些协会扮演了一系列的角色,但是主要还是在政治和文化方面。它们代表华人群体与南非政府接洽,并通过学校条件、联谊会和盛大集会来保护华人的文化、身份和语言。叶慧芬和梁瑞来对机构的社会和政治功能进行了研究,特别是总领事馆、华人学校、圣公会和天主教教堂这样的重要机构,像约翰内斯堡的粤语社这类的当地俱乐部,如德兰士瓦华人协会的省级团体以及国家性的统一机构,如南非华人协会。

20世纪七八十年代,南非华裔和台湾人之间的紧张关系导致许多中国台湾人成立了社会、文化、体育和商业类团体。来自中国大陆的新移民也同样发明了"本省协会",像此类协会中规模最大的福建协会,它在非洲南部拥有近7万名成员。中国2/3(约22个)的省份在南非有此类协会,这也反映了南非华侨的多样性。

在众多的各类协会中,本报告重点选定宗教、教育、政治和文化类协会,以及它们在比勒陀利亚华人移民的生活中扮演的角色。跨区协会将排除在研究之外,因为我们的研究重点是比勒陀利亚境内的社会互动与适应,而且我们的受访者中跨区协会的成员很少。

1. 宗教类协会

比勒陀利亚华人基督教福音协会(Pretoria Evangelical Chinese Christian Church，PECCC）成立于1997年，由总部位于加利福尼亚的国际华人宣教协会赞助。它的主要目的就是向南非华人传播基督教。此外，教会也会协助初到南非的华人合法移民、开设银行账户、获得驾照等。比勒陀利亚华人基督教福音协会大约有200名成员，主要成员来自中国台湾和香港，也包括来自中国大陆的成员。然而，只有40—50人会进行周日礼拜。不同华人群体之间的语言障碍也使得该协会难以迎合所有华人移民。所以，教会协助建立了比勒陀利亚和鲁斯腾堡的福建同乡会，其成员主要是来自福建的移民。比勒陀利亚华人基督教福音协会也会与这些同乡会一起定期举办圣经学习班。此外，该协会还有一个活跃的年轻团体，他们的活动包括周末露营。教会还开设了华人基督教学生社团，这是一个针对学生的圣经学习团体，已于2011年4月注册成为比勒陀利亚大学的一个学生组织。

南非南华寺是中国台湾的国际华人大乘佛教组织佛光山在非洲的总部。佛光山是最大的佛教机构之一，它的使命是向世界传播人间佛教。南华寺是非洲最大的佛教寺庙，坐落在比勒陀利亚东部的布隆克霍斯茨普雷市郊区。南华寺始建于1992年，当年布隆克霍斯茨普雷市政府捐献了超过18公顷的土地用于寺庙建设，主殿于2005年10月正式对外开放。现在南非大约有2000名信徒，其中包括1000名左右中国台湾人，1000名来自中国大陆的信徒，以及约50名南非人（2012年11月）。寺内20名工作人员（不包括住持方丈等）中有一半是华人（来自中国台湾和香港），有些人就住在寺庙内。信徒们在盛大活动或集会中志愿帮忙。

南华寺推动了佛光山宗旨的实现，即通过文化活动促进佛教传播；通过教育培养人才；通过慈善项目造福社会；通过佛法的修行净化心灵。为了达成上述目标，布隆克霍斯茨普雷的寺庙群还包含南华书院，为当地青壮年提供数学、英文、会计和商业课程。南华寺还专门为南非人设立了一个计算机学习中心和汉语学习中心，并且管理着几个不同的慈善机构。此外，寺庙通过为春节举办宗教集会、主持祈祷仪式和展示中华文化来促进佛教在当地华人和南非人之间的传播。所以，南华寺"不仅是一个宗教场所，也是一所学校，一处宽慰海外华人的情感寄托地……"该寺与比勒陀利亚当地的华人协会保持着良好关系，尤其是比勒陀利亚华人学校和比勒陀利亚华人协会。

2. 教育类协会

一是比勒陀利亚华人学校。在20世纪30年代早期，在比勒陀利亚成立了三个主要机构，即青年华人文化联盟、比勒陀利亚华人协会和比勒陀利亚华人学校。由于比勒陀利亚华人数量少，这些协会的成员经常会有重叠，青年华人文化联盟联合创办了比勒陀利亚华人学校，而这三个机构共用学校的场地来举办各种活动。即使是现在成员仍有重叠，受访者称"因为比勒陀利亚太小了，协会各种各样，但华人就那些人"。

比勒陀利亚华人学校是1934年由青年华人文化联盟和当时比勒陀利亚一个规模较小的华人社区创办的。和其他很多华人学校类似，比勒陀利亚华人学校旨在为那些被私立白人学校排除在外的华人子女提供优质教育，并且教授汉语（粤语），培养华人身份和保护中华文化。该校很快成为华人群体社会和文化活动的中心，为当地政治类协会（如比勒陀利亚华人协会）、娱乐和体育活动、宗教集会以及传统文化活动创造条件。一开始，华人老师都是当地南非华裔，但是从20世纪70年代开始，大部分老师来自中国台湾，语言课程也从粤语变为汉语课程。

在20世纪，比勒陀利亚华人学校的在校人数有增有减，其中受20世纪50年代政府颁布的种族区域法和20世纪70年代新开办的华人公立学校的影响最大；资金压力一直存在，因为大部分资金都是来自华人群体和总领事的筹款；一些年轻人对中华文化和社会的兴趣减退也影响了在校人数的变化；而学校在中华文化传承与学生西化的问题上也有分歧。虽然一开始华人父母相信他们的孩子应该在当地华人学校或者在中国学习汉语，但"多年来，接受中国教育的热情一直在减退，南非华裔更渴望'白人式教育'"。

1991年，比勒陀利亚华人学校为了成立中学部开始扩大规模，并面向非华裔群体招生。很快它就招收到来自波兰、俄罗斯、韩国、中国台湾和大陆的学生。目前学校共有5名汉语老师，他们都是中国台湾人，还有461名学生，其中5%—10%的母语是汉语，主要来自中国大陆。比勒陀利亚华人学校是南非唯一由私人管理和赞助的华人学校，它一直都在教授汉语和中华文化，并雇用华人老师。学校也一直都在为学生举办内部文化活动（比如孔子诞辰和中秋节活动），组织学生前往南华寺，并且为周六学校和集市提供场地。此外，学校也通过比勒陀利亚的台北联络代表处接收海外华人事务处捐赠的繁体中文课本。比勒陀利亚华人学校与大使馆、南华寺以及其他协会都没有官方联系，但比勒陀利亚华人协会和青年华人文化联盟的代表是学校董事会的成员，他们参与学校的管理。

比勒陀利亚华人学校教授汉语，有许多中华文化社团，例如华人文化社团以及中国舞社团，并举办各式各样的中华文化活动。另外，学校每年还有去中国台湾旅游的机会，凡是感兴趣的学生、员工以及任何人都可前往学习台湾的文化和生活方式。短期还会从台湾请一些老师过来开展文化活动。

二是华人周六学校。华人周六学校是一个为华人和非华人提供汉语课程的非营利性组织。它创办于2002年，起初面向中国台湾华人群体（当时是较大的群体），很多老师也从台湾招聘。虽然现在近80%的学生仍是台湾人，学校也招收了来自中国大陆、香港、韩国和南非的学生。该学校当时由台湾妇女协会、国际佛教协会和比勒陀利亚华人协会创办，但比勒陀利亚华人协会只是出租它的场所，管理工作由国际佛教协会负责。

华人周六学校课程的最主要目的是教授汉语，其中涵盖了中国历史和文化。除授课外，学校并不会为学生、父母或当地社区组织任何社会或文化类活动或者集会。唯一的例外是，每年春节学校会与比勒陀利亚的广东籍华人群体共进晚餐。此外，学校的负责人和成员还会受邀参加由台北联络代表处和南华寺举办的文化活动。

3. 文化类协会

比勒陀利亚华人协会（Pretoria Chinese Association，PCA）在历史上是比勒陀利亚核心的政治和文化机构。它于1931年成立，旨在解决华人遇到的政治问题。虽然它主要是一个政治机构，该协会也扮演着社会角色并举办文化庆祝活动。自种族隔离制度废除以来，它的政治功能逐渐被抛弃，而"保护传统文化，并将其传递给年轻一代"的文化功能成为它的主要使命。为了扮演好这一角色，比勒陀利亚华人协会为比勒陀利亚华人学校提供各种支持，并常年举办中华文化活动。它也负责为一些慈善机构筹款募捐，尤其是约翰内斯堡的康宁老人院。一开始只有华人参与这些活动，但现在其他群体也受邀参加。比勒陀利亚华人协会与中华人民共和国大使馆以及南华寺都保持良好的关系，上述这些组织的成员都会参与各自组织的文化集会。

然而，比勒陀利亚华人协会的成员人数在逐年减少，这仍然是一个挑战，尤其是它从政治类协会转为文化类协会之后。近年来其成员人数从300人下降到了130人。虽然比勒陀利亚华人协会面向所有华人，不限其籍贯、历史背景或者语言能力，但现在的成员主要是南非华裔。一位受访者解释，这种情况应归咎于语言障碍，但也因为南非华裔的文化和思维更相似，而其他新移民更愿意参与他们自己的商业协会。即便如此，这位受访者所谓的一些"商业机构"（基于籍贯划分，如上海、福建、香港、澳门）的周年庆典也会邀请比勒陀利亚华人协会参加。另一位受访者表示，"维持协会的生存已经成为一场战斗"。普通南非华裔似乎对比勒陀利亚华人协会或者其他协会并不感兴趣，因为"他们已经没有什么压力了"。很多年轻的第三代南非华裔都已经移民澳大利亚。

尽管如此，比勒陀利亚华人协会更重要的使命仍然是文化方面的：教授、保护和研究中国文化传统。比勒陀利亚华人协会悠久的历史、年长南非华人中强烈的华人认同感以及对年度集会的持续参与都是比勒陀利亚华人协会在当地华人群体中重要影响和地位的证明。然而，它的文化功能是否还是首要的，如今说法不一。年轻一代的南非华裔、中国台湾人和大陆人主要是为了拓展社交圈这种实际利益参加这些活动，可见这三类群体对于传统文化保护的兴趣正在降低。

另外，虽然比勒陀利亚华人学校主要是一个教育机构，但是鉴于它在华人群体社会和文化活动中的历史性角色，以及在教授汉语和中华文化中的重要作用，它也可被归到文化协会的类别。

4. 政治类协会

中国大使馆与台北联络代表处。南非的中国领事馆是1905年国民党在约翰内斯堡建立的，之后国民党在台湾建立了中华民国。领事馆的总领事最初负责保护在南非的契约劳工，但之后职责范围扩展到援助全体华人，特别是南非华裔。在种族隔离时期，总领事与其他群体组织（例如南非华人中心协会）一道帮助南非华裔个人和团体为华人群体的权利抗议、呼吁并提交文件和备忘录。

虽然南非华人协会（Chinese Association of South Africa，CASA）不在比勒陀利亚，它的重要性不容忽视，因为近几年其政治功能越来越强大，而且比勒陀利亚华人协会的一些委员会成员也是该协会的成员。1981年，18个华人协会商定建立一个由6个区域性协会组成的联合机构，即现在的南非华人协会。这个协会的成立也"标志着由台湾的中华民国外交官们（即总领事）代表南非华人利益的局面正式结束"。

南非华人协会之所以成立，是为了让南非华人获得充分的权益、维护中华文化认同感、增进华人利益、协助华人克服困难以及加强他们与其他群体的关系。在整个20世纪80年代，南非华人协会都在向政府提交备忘录并与政府部门沟通以推进歧视性立法的改革。前些年，该协会与三个南非政府部门对簿公堂，成功为平权法案中的"弱势群体"——南非华裔——赢得充分认可。

（三）不同协会在个体华人移民生活中扮演的角色

在研究中我们发现，有些人参与这些协会，是因为看到了参与其中可能得到的一系列有形和无形的利益。这些利益包括：新的社交和经济人脉、专业联络、宗教满足、教育、汉语或者英文学习、文化和身份的保持以及政治代表。研究还表明，三个迥异的华人群体参与的情况各不相同。此外，驱动个人参与的有形和无形的利益并不总是与协会的主要功能一致，这表明这些协会机构应该（并经常）为适应华人群体的需求做出改变。最后我们发现，虽然每个人的故事独一无二，我们很难概括这三个华人群体，但是他们最看重的还是社会和经济方面的利益。在这一部分，我们将利用从深度访谈中搜集来的材料，探讨上述提到的协会在目前比勒陀利亚华人生活中所扮演的角色。

1. 宗教类协会

所有这三个华人群体的成员都曾加入过宗教协会。南非华裔主要是为了宗教目的参与当地基督教堂的活动，而中国台湾人和大陆人主要是出于社交目的或者是为了满足事业与其他经济需求而参与。

大多数受访的南非华裔会定期去当地基督教堂，而不是比勒陀利亚华人基督教福音教堂或南华寺。这在很大程度上是因为教堂从20世纪30年代起便在华人群体的发展过程中扮演了不可或缺的角色，特别是为黑人开办教会学校和准许富人家庭的孩子进入私立教会学校，结果很多华人都皈依基督教。我们可以从很多人的个人生活故事中看到这一点的长远影响，但这一影响在年轻一代身上有所不同。詹姆斯（61岁）的祖父于20世纪初从广东移民而来，他在比勒陀利亚长大，上过印度人学校和华人学校一小段时间之后，于20世纪50年代被一所私立天主教会学校录取。所以他在童年就皈依了天主教，现在仍然是一位虔诚的天主教徒，每周都会去参加礼拜。他已经在教会的几个理事会中任职15年，协助筹款和财务管理事宜。比尔（70岁）也是一位虔诚的天主教徒，虽然他一直都就读于华人学校。萨姆（63岁）也上过华人学校和圣公会学校，现在他非常积极地参与当地一所卫理公会教会的活动与事务。

另一方面，莎拉是一位第三代南非华裔，她曾就读于一所天主教会小学，并接受洗礼成为圣公会信徒，但她实际上不怎么虔诚，所以不去教堂。她有时候会带外国人和家人一起参观南华寺，春节的时候也会去。的确，南非华裔似乎只会因为中华文化活动而踏入南华寺，这一点在文化类协会那一部分会有更详细的探讨。比勒陀利亚华人基督教福音教会的成员中没有一个南非华裔。

在受访的中国台湾人中，大多没有加入当地任何教会。有些人在南华寺工作，有些在寺里的文化、社会或教育活动中充当志愿者或直接参与其中。南华寺会提供除修行之外的其他服务，从慈善到教育方面都有，所以寺庙会以各种各样的原因邀请人们参加，因此人们参与南华寺的方式也非常多样。

举个例子，特蕾西和丈夫还有两个孩子于1983年来到南非。她丈夫一开始在德班的一家工厂上班，后来工厂关门，他们就搬到约翰内斯堡和文达，并从事了多种工作。当特蕾西丈夫1998年去世时，她认识的一位中国台湾人建议她去南华寺请人帮她安排葬礼事宜。她之前从未去过寺庙，但南华寺帮她举行了葬礼并为她提供工作。自此她成为一名佛教徒。托马斯（55岁左右）在其工厂因资金问题和劳工纠纷关闭之后，也在南华寺找了份工作。乔安娜（23岁）是比勒陀利亚大学的一名学生，她在南华寺做志愿者，但只在寺庙举办社交活动的时候和朋友去。她也想参加南华寺的假日野营，因为那将是"假日的一种娱乐消遣"。苏（37岁）只去过南华寺一次，当时是她的南非丈夫带她去的那里。

中国大陆的新移民似乎也利用宗教机构来获取社会利益和其他利益。2008年，辛迪（33岁）作为南非斯瓦尼科技大学的一名博士生来到南非。她经常去当地的一个教堂以及南华寺。虽然她是一名佛教徒，但在一位朋友给她介绍那个教堂之后，她也去那个教堂并加入了其中的一个圣经学习小组，也因为她认识领导学习小组的一位女士。她去南华寺也不是出于宗教目的，而是节假日期间在寺里提供志愿服务，这也是出于一位志愿者朋友的请求。她参与这两个机构的初衷都是出于社交目的：为了认识他人，以适应比勒陀利亚的生活。她也解释说她很少因为宗教目的去南华寺，因为太远了（三个华人群体的所有受访者都说去南华寺很不方便，一个是距离问题，一个是交通问题），所以她所关注的是现实问题。

有时候教会也会为社交活动开辟空间。梅丽萨是一位来自中国大陆的中年店主，因为英文水平极为有限，她很难适应比勒陀利亚的生活。有一天一位说英文的年长白人女性在她的商店待她如友并教她英文。后来她们开始讨论圣经，再后来梅丽萨和其他华人成立了一个非正式的圣经学习小组。按照梅丽萨的说法，这个圣经学习小组最终发展成为比勒陀利亚华人教会。虽然教会在她生活的某个阶段扮演了重要角色，但后来她的很多朋友因为生意需要而退出之后，教会就不再有任何社交功能。梅丽萨依然会参加教会礼拜，还有每月的圣餐以及中秋节和春节的烤肉野餐会。

杰夫在接受采访时是一位在南非只待了五个月的博士生，他说他当时最想提高英文，所以他经常去当地教堂练习英文。迪尔德丽于2004年来到南非，在华人购物中心开服装店。她以前每个月都会去南华寺进香，但是在开了第二家店之后她就没时间再去了。迪尔德丽表示，华人去教堂大多是以社交为目的。每周末在南华寺做志愿者的泰勒也证实了这一点，他说南华寺是"一个社交网络的中心，一处集合点"。他就是通过南华寺与中国台湾人以及南非华裔往来。他妻子是一位佛教徒，是妻子第一次带他去南华寺，在认识妻子之前，他有时候会和一位大学朋友去当地教堂。泰勒的姐姐来过南非几次，每次都在南华寺当志愿者，他的父母在约翰内斯堡找到住处之前也曾在南华寺住了几个月。

2. 教育类协会

比勒陀利亚的两个教育协会，即比勒陀利亚华人学校和华人周六学校，揭示了三个华人群体之间的进一步差异以及它们在华人生活中的不同功能。对于年长的南非华裔来说，比勒陀利亚华人学校在为他们提供入学机会和参与社交、文化活动方面扮演着不可或缺的角色。所以学校的影响已经远远超过了它的教育职能范畴。例如，20世纪40年代，比尔在比勒陀利亚华人学校上小学，现在他是比勒陀利亚华人协会委员会以及学校董事会的成员。比尔坚信他在精神上与中国密不可分，即使他在南非感觉很自在。他说"我的心在中国"而且"在内心深处，中国依旧是我的家"。他把这种"中国人意识"归因于华人学校。他相信年轻一代的南非华裔不会有这种感觉，因为他们大部分就读于当地的西式学校。华人学校的文化角色也被詹姆斯的故事所验证。詹姆斯在成长的过程中并没有上华人学校，但他周末会在那里做体育运动，并在其场地教授空手道。现在他积极参与学校的活动，也成为学校董事会的一员，并且会说粤语（虽然他把自己的孩子送到私立的天主教会学校就读）。

在年轻一代的南非华裔身上，华人学校越来越局限于教育功能。比勒陀利亚华人学校南非华裔学生数量的减少（461位南非华裔中只有20—40人上比勒陀利亚华人学校），证实了大多数华人父母倾向于把孩子送去别的地方上学。这一方面是出于对教育和实际的考量；另一方面则是南非人的身份认同感超越了华人的身份认同。安德鲁（41岁）是第三代南非华裔，他曾经上过比勒陀利亚华人学校也上过私立的英语高中。虽然他儿子现在在华人学校就读，安德鲁最终还是希望孩子能去读英语高中，因为那里有更大的班级并且更像"一个真实的世界"。安德鲁将他自己视为南非人，他承认"他身上已经没有华人味了"。他也想加入母校的"老男孩俱乐部"。莎拉的情况也类似，她曾就读于当地学校，并在十岁时上过一段时间华人周六学校，但是她觉得那里一点也不好玩。

很多受访的中国台湾人都与比勒陀利亚华人学校和华人周六学校有着很密切的联系，因为在他们看来学校的教育和就业功能很强大，但是他们参与其中的出发点是不一样的。苏是比勒陀利亚华人学校的一位老师。她嫁给了一位在中国台湾认识的南非白人，并因此搬到了南非。学校对她来说只是工作场所，只有在这时她才和其他台湾人社交，其他大部分社交时间都是和当地南非人，而且她从不参加其他任何华人协会。玛丽也是一名台湾教师，当时她家人在南非而且想去探索新地方，所以后来移居到了南非。她在来之前就在学校申请了职位。然而她在学校工作之外从不参与任何当地华人协会。薇拉（47岁）于1991年来到南非并且已经在比勒陀利亚华人学校当了21年的老师。除了工作日教书之外，她还在周六教授两个成人班，并在周日和假期备课。对她来说，比勒陀利亚华人学校也具有社会功能，她解释道，"我在南非认识的人，无论是南非人还是华人，大部分都是通过学校认识的。家长和同事们都是我的朋友"。乔安娜在华人周六学校志愿从事行政工作，但只是因为她的台湾男朋友在学校教书她才开始在这里工作。

在受访的中国大陆华人中，很少有人的孩子到了入学年龄没有上过比勒陀利亚华人学校。他们大部分都把孩子送到当地的英文学校，可能是为了让孩子学习英文或者是出于现实问题，比如地理位置（比勒陀利亚华人学校位于比勒陀利亚东南偏远地区，特别是比勒陀利亚公共交通很不方便）的考虑。例如，辛蒂将她儿子送去一所当地基督教会经营的托儿所。她选择这个托儿所主要是因为离家很近，虽然她不是一名基督教徒，她相信这个托儿所会培养儿子树立正确的价值观。虽然她的朋友大部分是华人，但她和托儿所的其他家长也有来往。辛迪对教会和学校的参与情况表明，有些华人不那么依赖华人协会，但会利用当地机构实现社交和实际目的。

3. 政治类协会

虽然比勒陀利亚华人协会和中国领事馆过去在华人群体中扮演了重要角色，但是在受访的三个群体中没有一位受访者谈论过如今这些协会的政治功能。例如，比勒陀利亚华人协会的董事会成员将自己严格定义为文化类协会，主要组织文化活动和筹款活动。

南非华人协会的政治角色也值得关注。由于现在已没有人再歧视南非华裔，一些在南非的华人开始质疑像南非华人协会这样的组织是否还有存在的必要。一位来自南非华裔群体的受访者认为华人群体必须有话语权："如果你没有话语权，你就不能在华人群体遭受攻击时做出回应，而只有属于政府层面的事情，中国政府才会介入。他们不会介入私事，而这就是华人和政府之间的私事。"

在历史上，中国大陆总领事负责维护汉语和中华文化，而中国台湾领事馆为华人学校、体育和文化活动提供资金支持，并输送课本和老师。如今，华人群体只将大使馆看作一个行政机构，只负责办理护照之类的问题，而不是拥有政治或文化功能的实体。人们都觉得大使馆的政治活动是政府间的，但是一些受访者也参加由台北联络代表处或者中国大使馆举办的文化活动。此外，台北联络代表处还协助给比勒陀利亚华人学校和华人周六学校捐赠汉语课本，而且偶尔还会为它们提供台湾的教师资源。所以台北联络代表处与这些协会之间的联系是机构间的来往。就这一点来说，它也在华人群体中扮演着间接的教育和文化角色。

比勒陀利亚华人协会悠久的历史、年长南非华人中强烈的华人认同感以及对年度集会的持续参与都是比勒陀利亚华人协会在当地华人群体中重要影响和地位的证明。然而，它的文化功能是否还是首要的如今说法不一。年轻一代的南非华裔、台湾人和大陆人主要是为了拓展社交圈这种实际利益参加这些活动，可见这三类群体对于传统文化保护的兴趣正在降低。

4. 文化类协会

比勒陀利亚华人协会在华人群体的文化事务方面扮演着重要角色。它为比勒陀利亚华人学校提供各种支持，并常年举办中华文化活动。它也负责为一些慈善机构筹款募捐，尤其是约翰内斯堡的康宁老人院。对于那些参与策划和组织这些活动的人来说，比勒陀利亚华人协会既是一个工作的地方也是一个社交场所。很多人表示他们在开会之外没有任何空余时间。然而，由于这些人当中很多都有相同的背景（他们的父亲或祖父们也同样参与该协会），比勒陀利亚华人协会的工作也有社交功能。

加入文化类协会的一个重要途径是参加其举办的文化活动，这些文化活动一般不限制参与者的身份（虽然有些需要邀请函）。就这些集会的重要性而言，参与其中对个人的认知构建有益。也有很多协会在群体中的主要角色并非文化方面的，但是有的也会参与组织、主持或者为文化活动和节日提供场所，例如比勒陀利亚华人学校（虽然它的活动是内部的）、南华寺（它只举办宗教集会）以及中国大使馆或台北联络代表处。华人的庆祝活动涉及春节、中国台湾双十节、中秋节和端午节，这些活动可以纪念传统并培育华人之间的凝聚力。朴正云注意到，南非人参与这些活动的兴趣与日俱增，这也表明了这些活动的重心正逐渐从封闭（旨在文化保护）向开放（旨在社交和文化交流）转变。

大多数受访者知道这些活动，并且许多人也证实他们参加过这些活动。所以他们似乎有某种动力去研究和保护华人的风俗习惯、节假日和做法。在对这些文化活动的态度方面，我们发现了代际差异。例如，我们采访的所有年长南非华裔都会参加华人文化活动，并表示每个协会都会邀请其他协会的成员参加他们的活动。所以，比勒陀利亚华人协会会参与南华寺的节日，而且也会邀请寺庙住持参加比勒陀利亚华人协会的集会。年轻一代的南非华裔则表示他们对这些活动没什么兴趣。安德鲁说，南非华裔往往只在这些文化活动中见到彼此并进行社交。所以，虽然"人人都认识"，但每个人的日常活动和生活都不会局限于华人协会或者华人群体，而在这些活动之外，他们的社交往来也很有限。莎拉的父亲是比勒陀利亚华人协会委员会的一员，然而她承认她参加活动是因为"我爸爸说我应该参加……我们觉得参加这些活动没什么乐趣……我去参加是因为我父母告诉我我必须去"。

在中国台湾人中，年长和年轻一代之间有类似的趋势，也有不同之处。例如，彼得（65岁左右）会作为比勒陀利亚华人协会的成员参与所有这些活动。另一边玛丽表示这些活动都太正式，所以只适合"年长的台湾商人"。尽管如此，大多数台湾人还是会参加台北联络代表处每年举办的国庆日庆祝活动。那些受雇于南华寺的人也会自觉参与它的集会（例如托马斯和特蕾西）。

来自中国大陆的新移民较少参加这些活动，即使有，也是为了社交目的，而不是出于对文化的兴趣。例如，尽管哈里一直都很忙没有时间参与此类事情，他也偶尔会和朋友参加中国大使馆举办的集会，如春节。前文提到的辛迪在南华寺的集会中担任志愿者也是出于社交目的。

5. 社会、体育和经济类协会

最后一类协会我们笼统地称之为社会和经济类协会，这类协会我们目前还没接触过具体的组织。这一类组织中我们涵盖了体育俱乐部，这种俱乐部20世纪40年代末在比勒陀利亚非常流行。虽然我们目前还没有搜集到足够的信息以更好地理解这些俱乐部在华人群体中扮演的角色，但是相当多的受访者都证实他们或多或少都曾经加入过某个俱乐部（如高尔夫、网球和篮球俱乐部）。莎拉表示，虽然体育俱乐部在年轻华人中最受欢迎，但是比勒陀利亚俱乐部的规模太小了。对莎拉来说，她唯一有兴趣的活动就是体育活动，而且这也是她唯一会去参加的华人活动。比尔也认为年轻华人之间的交流似乎仅限于体育俱乐部和体育活动。最盛大的年度复活节联赛（全南非各地的所有华人体育俱乐部进行比赛）由南非华人体育协会及其地方附属协会举办。体育活动似乎与文化活动一样，在复活节联赛或某些体育团队之外，华人之间的互动微乎其微。

有几位受访者也提到根据籍贯成立的商业协会，如中国台湾、北京和福建商业协会。特别是台湾人好像有多个专属台湾的协会，有社交方面的也有经济甚至体育方面的。正如比勒陀利亚华人协会成员提到的，虽然移民根据籍贯组织活动，他们也会邀请其他协会参加各自的社交或者文化活动，包括比勒陀利亚华人协会。

加利是一位来自中国大陆的新近移民，他说自己曾经是北京人协会的一员，虽然只有华人数量较多的约翰内斯堡有这种协会。他解释到，北京人群体的成员会聚在一起吃饭聊天，但是加利表示，基本上没什么人对这类联谊会感兴趣，所以这个协会最后解散了（虽然协会的名字还会出现在报纸上）。其他受访的中国大陆人则表示自己从不参与这些协会，因为时间有限而且还要学习英文。迪尔德丽进一步指出，这些协会的信息经常在南非的中文报纸上出现。虽然她不属于任何协会，但是她从朋友那里得知，福建人协会会为一些节日组织联谊会，但不会提供任何其他帮助，如安排葬礼和借贷。她承认她只会参加提供法律援助的协会。至于这些协会是否会提供经济方面的援助或有商业方面的联系，我们搜集到的信息很少。

有时候中国大陆新移民和台湾人也会利用诸如比勒陀利亚华人学校、比勒陀利亚华人协会和南华寺这些成熟的机构来获取社交和经济方面的建议和援助（即有形的利益）。安德鲁是一位第三代南非华裔，他解释说因为比勒陀利亚的华人群体偏小，所以在协会里寻找并接触当地人相对比较容易。通常他们会为了适应新环境接近当地人，或向他们寻求解决实际问题的办法，像如何买房或注册公司这种问题。这种往来往往也是临时的，他们并不会因此成为长久的朋友。这些交往中的经济利益瓜葛使南非华裔对新移民的印象很不好。对于南非华裔来说，华人群体不仅可以进行商业互动，也是一个社交网络。

（四）结论

华人协会在南非华人移民的交往、适应和寻找归属感的进程中扮演着各种各样的角色。然而，我们的假设"由于比勒陀利亚华人群体范围相对较小，所以协会在南非华人移民的交往、适应和寻找归属感的进程中扮演着一个重要的角色"并没有在研究中得到证实。华人移民似乎更倾向于利用非正式的社交网络去达到这些目的，而并非通过正式的协会。每个人的经历千差万别，所以他们在与他人以及南非人的交往过程中也会通过多种不同的方式寻找他们的群体和交往模式。为了适应南非的生活，他们受无数有形和无形利益的驱动去参与比勒陀利亚的华人协会。其中最主要的是社交、现实和经济利益（就业），而文化和政治方面的利益驱动在不断减弱。有时候驱动的利益与某个协会的主要功能一致，例如为了宗教目的去当地教堂。有时候所涉及的利益会超出协会本身的功能并变得现实。所以这些都取决于移民的个人情况，例如学习英文的需要、有限的公共交通选择以及就业需求或其他后勤服务。

其他驱动华人移民加入协会的利益主要是社交方面的，以满足他们对归属感、华人群体精神和身份认同的需要（无论是年长和年轻南非华裔中分别存在的华人和南非人意识，又或是个人的籍贯、宗教信仰、职业甚至是体育爱好）。因此参与或不参与协会活动的原因复杂多样，由众多因素决定，所以我们很难进行概括，而研究中受访者的生活故事也证实了这一点。工作和家庭需要往往是不参与的原因。原籍地和语言能力也有一定的影响，比勒陀利亚华人群体主要由南非华裔和台湾人构成，所以新移民的参与就很有限。

在三类华人群体内部以及之间，对协会的参与越来越受社交和经济利益驱动，这反映出华人对协会的参与也超越了这些群体之间的界限。而且，对当地（即南非）机构（尤其是宗教和教育类机构）的利用表明华人移民参与和适应华人协会并不一定因为他们是华人，而是出于现实目的。值得注意的是，此次研究所展现的各种独特经历和策略也是华人移民经历多元化的一个印证。

华人协会在华人移民交往、适应和寻找归属感的过程中所扮演的角色似乎存在代际差异，虽然这一点在南非各个华人群体中可能会有所不同。例如，年长的南非华裔会参与由文化协会组织的文化活动，而年轻一代的南非华裔对这些活动的兴趣则在不断减退。在中国台湾人中，年长和年轻一代也反映出类似的趋势和差异，而似乎所有年龄段的大陆移民对文化活动的参与热情都不高。此外，对于年长一代的南非华裔来说，比勒陀利亚华人学校在为他们提供入学机会和参与社交、文化类活动方面扮演着不可或缺的角色，而在年轻一代的南非华裔身上，华人学校越来越局限于教育功能。大多数来自中国大陆的受访者都把他们的孩子送到英文学校就读。

未来我们对中国人在南非的研究还会涉及如下话

题：华人移民的迁徙历史、家庭联系对移民和移民方式的推动、南非移民的融合情况、南非华人面临的主要挑战、南非印象、未来移民计划以及与中国的联系。

六　津巴布韦华侨华人案例研究

中国与津巴布韦在其独立当天，即 1980 年 4 月 18 日建交。建交以来，两国政治互信不断增加，并最终在 2018 年 4 月升级为全面战略合作伙伴关系；贸易和投资规模不断扩大，目前中国已成为津巴布韦第四大贸易伙伴和第一大外资来源地。良好的政治关系和紧密的经济关系为中国人前往津巴布韦投资、经商和生活，并在当地获得良好的形象打下了坚实的基础。本课题组通过调研发现，津巴布韦虽未出现过明显的排华行为，但当地人对在津华侨的印象并非完全正面，尤其是在接受采访的时候，他们表达了对华侨的诸多负面看法。这些负面形象的产生，是华侨华人相对封闭的生活方式、津巴布韦近年来经济发展欠佳的影响以及确实有人素质低下等因素相互作用的结果。为改善自身形象，在津华侨华人已经通过提出内部倡议、开展慈善活动和主办"梦想秀"活动等举措而做出了一定的努力。

（一）津巴布韦华侨华人概况

中国移民最早在19世纪末进入津巴布韦，他们大多为契约劳工，主要在白人殖民者的农场、矿山和铁路上工作。从哈拉雷市郊先民公墓墓碑所刻的祖籍地来看，他们主要来自广东的珠江三角洲地区，具体分布包括台山海晏镇、白沙镇，新会京梅乡、黄冲镇，开平赤水镇，中山古镇乡，南海和顺德等地。他们可被分为两种类型：一是由罗得西亚土地与矿业主联盟和罗得西亚土著劳工供应协会有限公司招募而来；二是在亲属的帮助下前往津巴布韦，因此不属于契约劳工。他们大多数在合同到期后都返回了中国，少数留在津巴布韦的人开了一些杂货店、洗衣店、面包店和小餐馆。

到20世纪90年代初，最早一批华人及他们的后代已经在津巴布韦生活了四代人的时间，他们几乎已经与津巴布韦社会连为一体。那些在津巴布韦出生的华人所接受的是西式教育，他们已经与中国文化渐行渐远。第三代和第四代华人更喜欢吃西餐，而非中餐，他们使用英语进行交流。他们当中有些人会说广东话甚或普通话，但几乎没人能够用中文书写。父辈将他们称之为"香蕉人"：皮肤是黄的，但内心已经是白的了。[①] 老一代华人在津巴布韦的经济与政治中处于边缘的角色，唯一的例外是朱惠琼（Fay Chung）女士，她曾在1988—1992年担任津巴布韦基础教育部部长，为津巴布韦独立后的教育发展做出了重要贡献。

新一代华人，或曰中国新移民进入津巴布韦始于1980年津巴布韦独立并与中国建交后。从1984年开始，中国成套设备进出口（集团）总公司、中国北方工业公司和江西国际经济技术合作公司等中国大型国企为承担援津大型项目而向津巴布韦派遣了大量翻译和技术人员。项目完成后，他们当中有少部分人留了下来，利用他们与当地人的关系开办了一些批发、零售店，或建立了一些工厂。这些留下来的人成为第一批进入津巴布韦的中国新移民。在当地站稳脚跟后，他们随即邀请家人、亲戚和朋友前往津巴布韦，中国新移民群体由此逐渐形成。但从规模上来看，这一群体的发展最初比较缓慢，《华侨华人概述》一书称直到2000年仍仅为500人左右。

2000年之后，随着中国加大对非"走出去"的步伐，津巴布韦实施以中国为主要目标的"向东看"政策，以及中津关系的持续友好发展，中国人开始大量

[①] Mary Olivia Tandon, "The Chinese in Zimbabwe", Paper for the World Chinese Conference, Mauritius, April 1992.

涌入津巴布韦，很快便在2005年达到约1万人。[①] 此后，在津华侨华人的数量一直在1万人左右徘徊。沈晓雷在《试析中国新移民融入津巴布韦的困境》一文中称在2009—2013年经济情况较好时，可达1.5万人，2014年之后经济下滑，人数也随之下降到6000人左右。2017年11月政治剧变之后，随着津巴布韦国内政治局势趋稳和投资环境趋于改善，在津华侨华人的数量又出现大幅上涨，据估计目前约有1万—1.5万人。

　　华侨华人在津巴布韦主要居住在哈拉雷、布拉瓦约、奎鲁、穆塔雷、奇诺伊和奎奎等大中型城市和矿业城市，其中尤以首都哈拉雷最多，可占到总人数的60%以上。从来源地来看，他们主要来源于辽宁、黑龙江、甘肃、陕西、山西、江苏、浙江和山东等省，其中来自辽宁鞍山市的数量最多。从类型看，他们主要包括以下几种：一是投资办厂的中小型私营企业主，所涉行业包括服装、制鞋、建筑材料、化工、食品加工和矿石冶炼等；二是从事餐饮、娱乐、旅游和批发零售的个体老板；三是私营企业家和个体老板所雇用的中方员工，以及中国国有企

[①] Giles Mohan & Dinar Kale, *The Invisible Hand of South-South Globalization: Chinese Migrants in Africa*, A Report for the Rockefeller Foundation prepared by The Development Policy and Practice Department, The Open University, Milton Keynes, MK7 6AA, UK, 2007, p. 3.

业派驻津巴布韦的中方雇员，后者在合同结束后，会有少量留在当地创业。

随着人数的不断增长和在当地社会经济活动的不断深入，津巴布韦华侨华人也建立了自己的侨团组织。从当前来看，最为重要的华侨社团一共有三个，分别为津巴布韦华商联合总会（以下简称"华商会"）、津巴布韦华人华侨联合总会（以下简称"华联会"）和中华北方同乡会（以下简称"北方同乡会"）。华商会在2004年10月3日成立，成员主要为在津巴布韦从事批发零售业的华商，成立后已选举产生六届理事会和三任会长，分别为李加琦、郭法新和李新峰。华联会于2014年3月31日成立，以促进中津两国经贸合作，维护在津华人华侨权益为宗旨，会长为丛玉玲女士。北方同乡会在2010年9月19日成立，首任会长为丛玉玲，现任会长为罗跃胜。

（二）津巴布韦华侨华人的形象

在津巴布韦调研期间，本课题组曾与大量当地人进行了接触，并有针对性地对一些人进行了采访。我们通过采访获悉，与非洲其他国家相类似，当地人对华侨华人的印象既有积极的方面，也有消极的方面，但总体而言，他们对消极的方面抱怨较多。

1. 当地人对华侨华人的正面看法

在当地人看来，华侨华人最大的优点是勤奋和吃苦耐劳的精神。他们认为，正是凭借这种精神，华侨华人才能赚到钱和富裕起来。虽然也有人对华侨华人的这种勤奋有些不太理解，如有人就曾这么问课题组成员："为什么上帝在星期天都要休息，你们中国人却从来都不休息呢？"不过在笔者所接触的当地人中，大多还是能理解他们这种吃苦耐劳的精神，如一位受访者表示："在我看来，你们中国人都很勤奋，也能吃苦，所以才能在我们的国家赚到钱并过上富裕的生活。说实话，我很佩服你们。"

除此之外，还有人谈到中国人向津巴布韦提供了很多援助；华侨华人的工作效率很高，以修建楼房为例，当地人有时要用好几年的时间，但他们往往几个月就可以竣工；中国商店出售的廉价商品满足了当地低收入人群的消费需求，如有位受访者表示，"我们现在经济不景气，很多人都很贫困，只能买得起你们中国人的廉价商品，比如不到 1 美元的 T 恤衫，不到 5 美元的鞋子，等等。有人批评你们的商品质量不高，但我不这么认为，毕竟，如此便宜的东西本就不可能有太高的质量。每个阶层都有每个阶层的消费需求，你们的廉价商品至少满足了低收入阶层的消费需求，让他们有了新衣服和新鞋子穿",等等。

2. 当地人对华侨华人的负面看法

津巴布韦人对华侨华人的负面看法主要集中在以下三个方面,即行为与习惯不好、出售假冒伪劣产品和不关心当地经济发展。

(1) 行为与习惯不好。当地人在行为与习惯方面对华侨华人存在不少负面看法,这其中包括:行为粗鲁、没有礼貌、不讲卫生、不修边幅、在公共场合吸烟、随地吐痰,以及不尊重当地习俗和看不起当地人等。

受雇于一家华侨开办的旅游公司的乔治表示:"你们中国人很不友好,不但见了我们当地人,即使是与其他中国人打个照面,也不相互问候,哪像我们,只要有时间,肯定会相互问候几句。你们当中还有人觉得我们不懂中文,就用中文骂我们,其实时间一长,我们都知道那是骂人的话。"乔治所言不虚,课题组在津调研期间,曾多次听到有人用中文骂当地人。此外,课题组还发现他们当中有人喜欢用"黑子"和"黑婆"称呼家中所雇的当地佣人,其实这两个词均有歧视的味道。

乔治的同事安德森也有同感:"因为工作关系,我经常会和导游一起带中国人的旅行团,我发现他们经常在公共场合大声喧哗。他们当中还经常有人对我们态度很不友好。更离奇的是，有一次带团，有个中国人路过一所很漂亮的房子，竟然直接敲门问主人是否愿意出售。"

（2）出售假冒伪劣商品。新一代侨民在2000年之后大量进入津巴布韦，所从事的行业以批发零售为主。因当地人消费水平较低、市场竞争激烈及个人素质等方面的原因，假冒伪劣商品一度泛滥。当地人谈到对华侨华人印象的时候，有不少人称他们经常出售假冒伪劣商品。《津巴布韦时报》曾转载一篇名为《津巴布韦人眼中的中国人》的博客文章，文中列举了11个当地人对华侨华人的看法，其中有两个提到他们在当地出售假冒伪劣产品。

2006年前后，假冒伪劣几乎成为中国商品甚至中国人的代名词，安德森就此表示："我们当时看到中国人都叫'Jing Zhong'，意思是假冒伪劣和垃圾的意思。"津巴布韦华商会会长李新峰先生证实了这一说法："当时黑人看到中国人就叫'Jing Zhong'，而且眼中充满了戏谑和歧视。一开始我们不明就里，后来经询问黑人员工，才知道那是在讽刺我们的商品质量不好。"

关于"Jing Zhong"一词的来历，在侨民中流传着各种说法，如有人认为其源自西方社会对中国商品的蔑视，有人认为是当地白人和印巴裔商人因生意被华商抢走而进行的负面宣传，还有人认为根本原因在于中国商品糟糕的质量。我们认同后一种说法，正如一位受访者所言："当地人去中国人的商店买东西，会问商品质量怎么样。店主通常会回答'正宗，正宗'，意思是绝对货真价实。但其实很多商品都是假冒伪劣，都不正宗。当地人受骗次数多了，便取拟音'Jing Zhong'来讽刺和笑话中国人。"

（3）不关心当地经济发展。较少在当地进行生产性投资，不关心当地经济发展是津巴布韦人对华侨华人又一个负面印象。安德森表示："你们中国人来到这里只是为了赚钱，而不想着进行投资。你们除了开店采矿之外，很少投资制造业。你们赚走了我们的钱，抢走了我们的饭碗，破坏了我们的环境，却没有带来基础设施的发展和制造业的繁荣，而这正是我们当前最需要的东西。"另外一位受访者也称："中国人开的商店便利了我们的日常生活，但我们更需要的是投资，是就业，是经济的发展。"在津巴布韦近年来经济持续低迷的情况下，他们的看法具有很强的现实意义。

2018年7月，本课题组赴津考察津巴布韦"后穆加贝时代"的第一次大选。在街头采访中，一位名叫辛巴的商人谈了自己对津巴布韦大选局势的看法后，话锋一转开始批评在津侨民："他们挖出并运走了我们的矿产，他们导致我们国家债台高筑，他们根本就不在乎我们的经济是否发展。中国应该给予津巴布韦更多的投资，应该派遣更多的工程技术人员到津巴布韦，应该帮助我们发展制造业，从而真正帮助我们发展经济。"

（三）津巴布韦华侨华人负面形象产生的原因

津巴布韦当地人对在津华侨华人产生负面看法是各种因素相互作用的结果，其中华侨华人相对封闭的生活方式、津巴布韦近年来经济发展欠佳的大环境，以及确实有不少人存在素质方面的问题，是其中最为重要的原因。

1. 华侨华人相对封闭的生活方式

华侨华人在津巴布韦的生活方式相对比较封闭，他们虽未如南非约翰斯内堡那样形成"新唐人街"，但他们的居住区和商业区都较为集中。以侨民人数最多的哈拉雷为例，从居住情况来看，他们主要集中在哈拉雷的快乐山（Mount Pleasant）、布罗戴尔（Borrowdale）和阿旺戴尔（Avondale）三个北部的"白人区"，以布罗戴尔区条件最好和最著名的布鲁克（Brooks）小区为例，其中约1/3住户为华侨华人。南部的穆巴雷（Mbare）等"黑人区"，则基本没有华侨华人居住。曾有华侨就此对课题组表示："我们基本没人住在黑人区，除了生意往来，我们甚至很少去那里，尤其是晚上。我们觉得那里不安全。"

从商业区来看，哈拉雷共有两处新移民聚居的区域，一是由安徽外经建设集团在西部的柏韦戴尔区（Belvedere）修建的龙城广场，这是一处综合性商业中心，已有几十家中国商户入驻；二是位于市中心、由黎巴嫩人建造的商业区"小粉楼"[①]。由于店面集中且靠近公共汽车站，"小粉楼"成为华商的最大聚居区，据不完全统计，在其外圈70多家大的店面中，华商曾租赁了超过60家。

除居住区和商业区较为集中外，在语言与社会交往方面的局限也是导致华侨华人生活方式相对封闭的重要原因。就语言而言，根据课题组的调研，2000年之前前往津巴布韦工作与生活的华侨大多拥有较高的学历，基本可用英语与当地人交流，有些人甚至学会了说绍纳语。但2000年之后前往津巴布韦的华侨，有相当一部分为2000年之前前往津巴布韦的华侨的家属，以及各类中小型企业尤其是矿山企业的雇员，他们的英语普遍都不好，有些人甚至完全不懂英语。而

[①] 该商业区正式名称为"海湾购物中心"（Gulf Shopping Complex），因整片建筑的颜色均为粉色，因此被人们习惯地称为"小粉楼"。

在这个时候，随着人数的大幅增长和华人社区的逐步成熟，他们无论生活还是工作基本都可以在社区内部解决，他们出行有私家车，购物可以去华侨开办的超市，吃饭可以去中餐馆，找工作可以去中资企业。至于对外交往，他们则交给能说英语的家人甚或聘请翻译。如此一来，他们基本失去了学习语言的动力。

就社会交往而言，绝大多数华人的社交圈子都局限于华人社区内部。在调研中，许多华侨都表示他们基本都是白天在外工作，晚上回家休息，与家人一起吃饭、散步或看电视。他们的社交活动大多局限于在逢年过节，结婚生孩子，亲戚朋友前往或离开津巴布韦的时候，与其他新移民聚在一起，且地点基本都在中餐馆。有些侨领的社会活动比较多，但他们的活动范围也主要是中餐馆或其他新移民的家里，很少涉足当地的酒吧和夜总会。对他们而言，每年侨团组织的新春联欢会和国内文艺团体的赴津演出是他们大聚会的日子。课题组成员曾在2015年春节前夕在哈拉雷观看中国文化部组织的"欢乐春节"活动赴津演出，演出当日，能够容纳3000人的哈拉雷国际庆典中心座无虚席。反观当地人举办的活动，如一年一度在哈拉雷举办的"彩色跑"（Color Run）和在维多利亚瀑布城举办的跨年狂欢节，则几乎没有华侨前去参加。

相对封闭的生活方式不但削弱了在津华侨华人融

入当地社会的动力和能力，而且因与当地社区交往的不足，容易使当地人对他们因不了解而产生误解，并进而因误解而产生各种负面印象，尤其是对他们的行为与习惯，以及在津经济行为的看法等，很容易形成片面且过于负面的解读。

2. 津巴布韦近年来经济发展欠佳的影响

津巴布韦在1980年独立后曾被誉为"南部非洲的一颗明珠"，当时其工业体系在撒哈拉以南的非洲仅次于南非，其玉米等粮食作物出口整个南部非洲国家，因而也被称为"南部非洲的粮仓"。2000年之后，因国内政局动荡、"快车道"土地改革的影响和西方国家的制裁，津巴布韦经济发展大幅下滑，从2000—2009年一直为负增长，其中2003年和2008年分别下滑10.4%和14.2%。2010年之后，得益于农业生产的恢复，以及实行以美元和南非兰特为主的多元货币体系，津巴布韦经济增速转负为正，其中2011年和2012年分别达到了14.2%和16.7%。然而，由于现金流动性短缺、外国投资持续不足、政治局势不断动荡等因素的影响，2013年之后，津巴布韦的经济增幅一直在低位徘徊，其中2015年和2016年甚至只有1.8%和0.6%。

经济发展停滞导致津巴布韦民生维艰，其中包括失业率和贫困率居高不下，医疗和教育等服务质量下降，基本生活用品短缺和物价高涨并存，以及社会治安形势恶化等。民生维艰导致民心思变，并最终成为导致穆加贝政府下台的一个重要诱因。姆南加古瓦政府上台后，虽承诺将经济发展置于优先地位，且已经取得了一定的成果，如2018年共获得16亿美元的国外投资，经济增幅从2017年的2.9%提高到4.0%，但在多年经济停滞的背景下，彻底扭转经济颓势并进而大幅改善民生尚需时日。

在这一大的背景之下，华侨华人在津巴布韦的经济活动很容易引起当地民众的不满。例如，他们在津巴布韦所从事的主要行业为批发零售业，然而根据穆加贝政府在2010年3月颁布的《本土化与经济授权（总）条例》，津巴布韦有14个只允许本地经营的保留行业，批发零售业为其中之一。为了维持生计，他们通过各种方式继续保留了这些店铺。但客观而言，他们这么做一方面违反了津巴布韦的法律法规；另一方面则因价格等优势而抢走了不少当地批发零售商的饭碗，如此一来肯定会引起当地人的不满。

此外，他们近年来对津巴布韦的采矿业进行了大量的投资。采矿业虽然也可以雇用一些当地人，且可为津巴布韦税收和外汇收入做出一定的贡献，但从创造就业和推动经济可持续发展的角度考虑，津巴布韦更需要的是制造业领域的投资，而这恰恰是华侨华人在津巴布韦当前经济形势下涉足较少的领域。在近年来西方不断抹黑中国在非洲掠夺资源和推行"新殖民主义"的背景下，这无疑成为一些别有用心的人抨击在津华侨华人乃至中国的口实。

3. 华侨华人个人素质方面的问题

绝大多数在津工作和生活的华侨华人都具有较高的个人素质，但这并不代表在他们当中没有素质低下的人，而恰恰是这些人导致当地人对华侨华人整体产生了诸多负面看法。以前文提到的出售假冒伪劣商品为例，课题组曾采访了好几位在津华侨，他们均表示2006年前后津巴布韦市场上确实充斥着大量来自中国的假冒伪劣产品，而且即使当前也有一些不法商人仍在从事此类非法勾当，从而严重影响了中国商人乃至中国人的整体形象。

在华侨华人当中，不了解甚至不遵守当地法律的人大有人在。2012年2月，四名中国人因偷吃乌龟而遭到津巴布韦政府逮捕，后被以违反野生动物保护法为由驱逐出境就是一个明显的例子。最近几年，每年都会有人因出境时非法携带象牙和犀牛角等野生动物制品而被逮捕的案件，且每次都会被当地媒体炒作并因此给华侨华人的形象抹黑。此外，还有相当一部分人抱着所谓的"候鸟"心态，他们前往津巴布韦只是为了"淘金""挣快钱"，他们不但不承担相应的企业社会责任，反而偷税漏税、贿赂官员乃至污染环境等，有人甚至会打骂员工，这些人的不良行为，无疑也会进一步加剧当地人对华侨华人的负面印象。

（四）津巴布韦华侨华人改善自身形象的措施

诚然，当地人对华侨华人的某些负面看法，尤其是行为和习惯等方面的一些负面看法，可能是因中津两国风俗习惯不同而产生的误解，但客观而言，大多数负面看法无疑是因为某些行为不当所导致的结果。作为客居津巴布韦的外来群体，华侨华人不但需要入乡随俗，更需要采取切实的行动来努力改善自己的形象，只有如此才能更好地融入当地社会并实现在当地的可持续发展。值得高兴的是，自2014年以来，华侨社团开始意识到改善自身形象的重要性，并开始有意识地采取了一系列举措。

1. 发布内部倡议，规范华侨华人行为

在华人社区内部进行倡议，规范自身行为规范，是在津华侨华人为更好融入当地社会而采取的一项重要举措，其中华联会和《津巴布韦时报》发挥了重要

的作用。

2015年1月19日，华联会主席团发布《津巴布韦华人华侨联合总会致旅津华人华侨倡议书》，表示："近年来，华人企业……为当地经济社会做出了一定的贡献。但另一方面，因少数华人的行为不当，导致津巴布韦当地人对整个华人社区产生误解，从而影响华人在津未来发展的事情也时有发生。"为规范在津华人华侨的行为，华联会特郑重发出如下倡议："自重自律，文明厚德，守法诚信，照章行事；入乡随俗，与邻为善，感恩回馈，履行责任；乐于奉献，团结互助，争做表率，依法维权；传承文化，以侨为桥，沟通中外，合作共赢。"

2015年2月1日，华联会主席团会议出台《津巴布韦华人华侨公约》，要求《津巴布韦时报》自2月2日在微信平台上发布。从1月16—26日，《津巴布韦时报》相继发表三篇评论文章，分别名为《在津巴布韦行贿，我们还能走多远？》《华人在津巴布韦仍需"内外兼修"》和《不受欢迎、不被接受，中国人真的走进了非洲吗？》。这些文章指出，如果中国新移民希望在津巴布韦实现可持续性发展，就必须改善与当地人的关系和真正融入当地社会。倡议书及上述文章在华人社区引起了强烈反响，不少人致信编辑部称表达了他们的心声，他们在未来将会更加注意自己的言行。

2. 举办慈善活动，树立华侨华人正面形象

最近几年以来，为回馈当地社会和树立华侨华人的正面形象，华侨社团举办了各种类型的慈善活动，其中尤其华商会付出了更多的努力。据华商会常务副会长李曼娟介绍，华商会共下设两个慈善机构：一是"非爱不可"爱心妈妈组织，主要扶持孤儿和弱势儿童群体；二是慈善公益部，除扶持包括孤儿在内的社会弱势群体外，还组织华人参加社会公益活动，向津巴布韦社会展现华人群体的爱心与公益之心。

"非爱不可"爱心妈妈组织成立于2014年4月，习近平主席在2015年12月访问津巴布韦前夕在津《先驱报》发表的署名文章《让中津友谊绽放出更加绚丽的芳华》中，曾专门对其加以表扬："据我了解，旅居津巴布韦的华侨中间有一个名为'非爱不可'（Love of Africa）的妈妈团体……多年如一日给当地孤儿送去关爱和温暖，用实际行动书写着中津友好的'现在时'，也培育着中津友好的'将来时'。"爱心妈妈组织成立以来，已先后为哈拉雷、卡诺伊、穆塔雷等地的几十家孤儿院修葺校舍，提供食品、生活用品和娱乐设施，且已为近百名孤儿筹集学费。2016年8月，爱心妈妈组织在哈拉雷北郊的哈特克里夫贫民区建立一所孤儿院，后又携手当地慈善组织在孤儿院内

建立了一所小学，学生除孤儿院的 12 名孤儿外，还接收了周边地区的 50 名儿童。

相对于爱心妈妈组织，华商会慈善公益部的活动要更加多元化，其中主要包括：自 2015 年起，连续五年组织"迎六一孤儿派对"，邀请哈拉雷周边地区的孤儿前往龙城广场儿童娱乐中心欢度六一儿童节，对于没能参加派对的部分孤儿院，还会派专人送去节日礼物；捐赠物资救助哈拉雷火灾事故灾民、马旬戈水灾地区灾民、哈特克里夫贫民区待安置居民、东马绍纳兰省农村饥饿儿童，以及"伊代"飓风受灾地区的灾民等；组织华侨华人志愿者走上街头，开展城市清洁卫生活动等。由于在慈善方面的杰出表现，华商会在 2016 年和 2017 年先后获得由哈拉雷市政府颁发的慈善大奖。

3. 举办"梦想秀"活动，搭建中津人文交流的重要平台

在华侨华人为树立自身正面形象而开展的各项举措中，津巴布韦"梦想秀"无疑是影响最大且成效最为显著的一项活动。

"梦想秀"是由中非经济文化交流中心和津巴布韦紫薇花文化传媒公司联合主办、面向全津巴布韦青年的大型公益性文化活动。该活动以"融入当地社会，

开展民间外交"为宗旨，从 2014 年举办第一季开始，至 2019 年已连续举办六季，直接参加海选的青年人数已达两万多人。在每年举办"梦想秀"的过程中，津巴布韦电台和电视都会在现场跟踪报道，这不但扩大了活动本身的影响，更有助于津巴布韦人了解华侨华人为发展当地文化产业和丰富人们的文化生活所做出的努力。

在每一季的"梦想秀"活动中，获奖选手都能获得四川一名微晶科技有限公司等赞助商所提供的不菲奖金，而且在中国驻津巴布韦大使馆的努力下，已经有 8 名获奖选手获得中国政府的全额奖学金前往中国求学，另有十多名选手签约中国演艺公司前往中国表演。此外，在中国驻津巴布韦大使馆的推动下，自 2016 年以来，由获奖选手组成的"津巴布韦班图艺术团"还应中国文化部邀请，先后前往成都、天津、南京、兰州和北京等地进行了巡回演出。

在 2019 年 8 月 31 日晚举行的"梦想秀"第六季总决赛中，中国驻津巴布韦大使郭少春在致辞时表示，"梦想秀"已成为中津文化交流的旗舰项目，为津巴布韦年轻草根艺术家发掘自身潜力、传承当地传统文化、展现艺术才华提供了广阔舞台。津巴布韦新闻部长莫妮卡·穆茨万格瓦也表示"梦想秀"作为津中文化交流重要平台，被越来越多的津巴布韦民众熟知和喜爱，为津巴布韦的青年人提供了成长成才、实现梦想的宝贵机会。可以说，"梦想秀"活动不仅成为津巴布韦草根一族展示才艺、实现艺术梦想的重要舞台，更成为推动中津人文交流的重要平台。

4. 通过野生动植物保护行动，传递华侨华人正能量

津巴布韦号称野生动植物的天堂，位于津巴布韦西北部马纳普斯（Mana Pools）的国家公园在1984年被联合国教科文组织确定为世界自然遗产，蕴藏着丰富的动植物资源。然而，由于专业化的非法盗猎行动，民间的盲目宰杀，以及人类对它们生存环境的破坏，导致马纳普斯国家公园的野生动植物保护状况堪忧，如果没有人类的救助，许多野生动植物将面临大量死亡乃至灭绝的危险。在此种情况下，国际野生动植物保护组织开始将目光投向马纳普斯国家公园，在津华侨也积极投入该地野生动植物保护的活动之中。

2011年，前津巴布韦华人华侨联合总会副会长、在津工作与生活近20年的宋黎女士在马纳普斯国家公园建立度假村，此后开始与意大利动物学博士弗朗斯斯科·马可纳迪（Francesco Marconati）一起，通过提供车辆、燃油和给养等方式，配合津巴布韦公园管理局致力于马纳普斯公园的动物保护和反盗猎行动。2015年11月，为进一步参与马纳普斯公园的野生动物保护工作，宋黎与弗朗斯斯科等成立中国—津巴布韦野生动植物基金会，其中宋黎担任基金会主席，弗朗斯斯科担任基金会总裁。

基金会成立后，以马纳普斯国家公园为基地，持续不断地配合公园开展反盗猎活动，用实际行动和专业的保护措施为津巴布韦反盗猎行动树立了一个典范。成立至今，基金会已募集了价值75万美元的直升机、无人机、橡皮艇、车载通信电台和服装等物资，多次派遣基金会所属的动植物专家、救援专家、非洲教练志愿者等实地开展反盗猎活动，并积极在津巴布韦华侨华人及当地社会宣传保护野生动植物的重要性。2019年7月，针对旱灾导致马纳普斯国家公园大量动物因缺乏饮水和草料而死亡的情况，基金会携手中非经济文化交流中心共同发起《关于救助津巴布韦MANA POOLS国家公园野生动植物的倡议书》，呼吁人们一起救助国家公园正在濒临绝境的野生动植物。

在接受本课题组采访时，宋黎对此表示："在非洲国家开展野生动植物保护已经成为国际社会的共识，我们之所以要参与进来，一方面是希望为津巴布韦的野生动植物保护贡献自己的一分力量；另一方面，我们也希望可以借此传递我们这些在津华侨的正能量，并由此给我们带来一些较为正面的形象。"

当然，在津华侨华人为改善自身形象所做出的努力并不仅仅限于上述举措，如华联会曾设立"津巴布韦华人华侨助学基金"，筹资近10万美元为诺顿、宾杜拉和奇诺伊市的多所学校捐助校舍和奖学金。华商会副会长程新华更是因为在奎鲁为街头的流浪儿提供衣服和食物，被人们尊称为"Father Cheng"。旅津多年的姜晖女士在哈拉雷著名的圣约翰中学担任中文教师，经过几年的不懈努力，所教的学生以全A的成绩通过剑桥汉语考试，为津巴布韦汉语教学和传播中国文化做出了一定贡献。

客观而言，这些举措均在一定程度上有助于改善华侨华人在津巴布韦的形象。然而，要想消除当地人对他们的负面印象，并进而真正融入当地社会，他们还有很长的路要走。从当前来看，他们还需做好以下三个方面的工作：第一，严格规范自己的经济行为，尤其是在当前津巴布韦经济困难和民生凋敝的情况下，绝不能因短视的经济活动而招致当地人的抨击；第二，继续加强企业社会责任方面的工作，力争为当地社会经济发展做出更多的贡献；第三，密切与当地媒体的关系，加强舆论引导与宣传工作，尽可能让更多的津巴布韦人看到他们为改善自身形象所做的各种努力。

七　改善非洲华侨华人形象建议

在 2018 年 6 月 22—23 日举行的中央外事工作会议上，习近平总书记再次强调要努力开创中国特色大国外交新局面，推动构建人类命运共同体。2018 年 7 月 19—29 日，国家主席习近平访问中东非洲五国，并在出席金砖国家领导人第十次会晤时表示，未来无论国际格局如何变化，中方都将秉持真实亲诚理念和正确义利观，继续支持非洲发展振兴。2018 年 8 月 29 日至 9 月 1 日，第十次全国归侨侨眷代表大会的成功举办表明，以习近平同志为核心的党中央高度重视发挥归侨侨眷和海外侨胞的作用，并希望广大归侨侨眷和海外侨胞传播好中国声音，用丰富的事例、鲜明的视角、生动的语言，让世界充分了解一个全面真实立体的中国，讲好中国故事，展示中国良好形象；积极融入和回馈当地社会，遵守住在国法律，尊重当地习俗，与住在国人民和睦相处，用自己的劳动、创造和奉献赢得信任和尊重，展示中华儿女的良好形象。

2018年9月3日，习近平主席在中非合作论坛北京峰会开幕式致辞中表示，中非要携手打造文化共兴的中非命运共同体，促进中非文明交流互鉴、交融共存，为中非合作提供深厚的精神滋养，拉紧中非人民的情感纽带。正如习近平主席在致中国非洲研究院成立贺信中所强调的，一定要增进中非人民的相互了解和友谊。"国之交在于民相亲，民相亲在于心相通"，中非从来都是命运共同体。针对目前中国在非洲国际形象所面临的问题和挑战，应采取措施妥善应对，进一步提升中国在非洲形象。

第一，重视对非洲华侨华人生存状况及其整体形象的调查与系统研究，加强对非洲华侨华人在非的正面形象与负面形象分类研究，在此基础上政府相关部门、大众媒体、新媒体、在非协会等各方可采取针对性的策略以建构起真实且符合中非交往实际的非洲华侨华人整体形象。

相对于对其他地区华侨华人的历史和现状的研究而言，对非洲华侨华人的研究则比较薄弱，而相对于中非交往的经济层面来讲，对非洲华侨华人这一人文层面的关注还不够，因此我们要加强对非洲华侨华人的系统研究。改善非洲华侨华人形象的前提是了解非洲民众对该群体的已有形象认知图景，特别是要分门别类地研究其正面形象与负面形象，对非洲华侨华人的优秀品格，比如勤劳敬业、奋斗拼搏、勤俭节约、善良友爱、积极融入、惠及当地、心系祖国等，大众媒体要加强宣传报道，特别是要通过典型人物报道将一个个鲜活的在非华人生活状态及其精神面貌展示于众，让非洲民众感知与理解非洲华侨华人并非"闷头赚大钱"的群体影像，而是用双手勤劳在非打拼、为非建设贡献力量的"本地人"。而针对非洲民众所持的负面形象，比如中国商品质量堪忧、部分公司或个体经营者素质不高、法律观念淡薄、少数人比较封闭不愿主动融入当地社会、遇事拿钱解决、野生动物保护意识淡薄、什么都敢下口等，要正视这些批评，从多个维度包括制度建设、法律法规、媒体宣传、社区服务、非政府组织（包括各类协会）活动等加强对非洲华侨华人的教育，逐渐改变负面形象，用行动赢得更多非洲人的尊重。

第二，加强赴非人员培训，并鼓励高素质人才赴非工作。现代外交更多展现的是软实力的竞争，而个体则是软实力要素的基本载体，实现中非全面战略合作伙伴关系的发展离不开人心相通，帮助非洲华侨华人树立"落地生根""入乡随俗"的观念，主动融入非洲大家庭。

针对赴非人员受教育水平参差不齐的现象，一是可通过相关机构组织有针对性的行前培训，提高中国赴非人员，特别是劳务人员的外语能力，增强他们对非洲住在国法律、文化、习俗、礼仪、宗教等方面的学习和认识，从提高每一位走出去的中国人的文化素质和素养开始，积极塑造中国在非洲的良好形象。二是鼓励高素质人才，例如工程师、项目经理、财务人员、法律人才和翻译人员积极赴非工作，为促进中非全面战略合作伙伴关系发展助力。三是帮助赴非人员树立诚实守信价值观。通过中国驻非使领馆和经商处，向赴非人员积极宣传诚实守信的经营之道，帮助非洲华侨华人树立品牌意识、质量意识、信誉意识，积极化解中非经贸交往中的矛盾与纠纷，寻求法律手段解决问题。四是继续鼓励赴非企业积极履行社会责任，让他们改变在非洲经营只为赚取利益的观念，把企业社会责任作为企业义不容辞的重任，真正从非洲社会的需求和非洲民众的利益出发，为改变当地民众的生活做出应有贡献。

随着近年来中非合作的加强与深入，一些华侨选择融入当地，在非洲大陆安居乐业，并积极投身到非洲政治、文化等领域当中，改变了非洲民众认为中国人"只知道做生意"的刻板印象。但受到中国传统"落叶归根"思想等多方面因素影响，中国企业和个人融入当地依然存在不少困难，以至于给非洲民众留下了中国人来到非洲是为了"赚快钱",抱有"候鸟"或"过客"的心态。鉴于此,可适当发挥华联会、华商会等华侨组织作用,通过介绍中国企业和个人融入非洲社会的成功案例,让更多人逐渐树立"落地生根"的观念,鼓励非洲华侨华人学习郑和船员后裔、真正融入非洲现代化发展进程当中。非洲华侨华人在与非洲当地民众交往过程当中,首先要尊重非洲民众的风俗习惯和禁忌,即所谓的"入乡随俗",无论与当地人是生意往来还是交朋友,都要设身处地从对方的语言、宗教和风俗习惯上多考虑;其次要尊重非洲人民发展道路的选择,为提升非洲自主发展能力提供力所能及的帮助,坚信非洲有能力实现现代化和经济的腾飞。

第三,中国政府对赴非中国公民所面临的治安犯罪和法律法规风险事件应高度重视、采取必要的预防措施,在赴非中国公民严格遵守当地法律法规的前提下提供必要的领事保护,并同非洲国家一道共同打击在非中国公民违法犯罪行为,坚决维护国家形象。

随着中国赴非人员增多,非洲对中国赴非签证政策日渐灵活,赴非中国公民签证过期逾期滞留、非法工作、违法犯罪和走私珍稀动植物等行动依然存在。自2016年起,越来越多的非洲国家放松了对中国赴非短期签证限制,非洲国家对中国签证发放更加灵活、中国和非洲国家间直航航班增多都体现了非洲华侨华人形象正在不断提升，非洲国家对中国公民赴非短期访问和旅游越来越欢迎。根据国际航空运输协会数据显示，全球获得免签或落地签国家排名中，中国的排名从 2015 年的 94 名上升到 2019 年的 67 名。现在中国公民无须提前申请签证即可抵达 27 个非洲国家，这些非洲国家主要集中在东部非洲。另外，津巴布韦、肯尼亚、突尼斯等国对中国公民签证的要求也发生了变化，这凸显出中国公民赴非的入境要求普遍放宽的趋势，整个非洲大陆越来越愿意为中国公民赴非旅游或短期公务访问提供便利。例如，安哥拉和南非等国家除了对中国取消离境前签证要求，中国公务签申请者也更容易获得长期多次入境安哥拉和南非等国家的签证了。但是针对非洲华侨华人的抢劫、斗殴、偷盗等社会治安安全风险也在显著增加，非洲华侨华人应当提高自我防范意识，谨慎或避免前往当地治安犯罪高发地区，在非中资企业也应时刻关注当地社会治安状况，并随之提高企业驻地与随行安保等级。非洲华侨华人理应尊重当地风俗、宗教习俗、严格遵守当地法律法规，在遇到潜在安全风险时及时向中国驻当地使领馆寻求领事保护。与此同时，中国政府、中国驻非使领馆也要加强同非洲驻在国安全和执法领域的交流与合作，坚决打击中国公民在非洲非法滞留、非法工作、走私珍稀动植物等违法犯罪行为，坚决维护非洲华侨华人整体形象。例如，2019年8月中国驻开普敦总领馆同南非执法部门就开展合作、共同取证，打击当地中国公民未经许可采集濒危多肉植物的行为。特别是针对非洲民众对于华侨华人"什么都敢下口"餐桌文化的批评之声，一定要高度重视，要加强对华侨华人的教育，杜绝不符合当地风俗习惯的餐饮习惯，另外受保护的野生动物也禁止食用，如有违反要受到法律严惩。

第四，促进中非人文交流与合作，发挥传统媒体在公共外交工作中的重要作用，要主动出击，打破西方负面舆论的霸权地位，使那些有关中国在非形象的不实报道不攻自破。

目前，中国驻非媒体机构已为广大发展中国家媒体机构树立了良好范例，为如何越过所谓的"以西方为中心的民主化传播范式"提供了中国方式。近年来，中国在面对西方恶意抹黑中国在非洲形象方面做了很多努力，但是西方依然掌握着国际话语权的主导地位，西方政府和媒体擅长抹黑中国人在非洲的情况，恶意宣传有关非洲华侨华人负面问题，甚至故意给中国人扣上非洲的"新殖民主义者"的帽子，激化中非矛盾。因此我们要主动出击，有力发挥人文交流在影响非洲民众、提高中国国家形象方面的作用，打破西方负面舆论的霸权地位,使那些有关中国在非形象的不实报道和恶意攻击不攻自破。

首先,要继续促进中非新闻媒体间沟通和互访,并组织中非新闻传播学界联合研究,增强双边了解和互信,不仅欢迎非洲新闻从业者真正走进中国,了解中国文化和中国人的风俗习惯,并将非洲的风土人情介绍给中国百姓;也欢迎非洲媒体走进驻非中资企业参观、采访,到非洲华侨华人家中了解他们的真实生活,逐渐消除非洲民众对中国在非形象的误解,并促进在非中国人改掉不良行为,进一步加深中非民众间的友好交往;中非媒体还应在资源共享、信息共享方面大力加强配合、建立联系,以便为中非普通民众第一时间提供有关中非关系的真实、客观的新闻报道。

其次,中国媒体要提高舆情分析、群体事件应对的能力,增强战略沟通技巧。面对负面舆情时,应避免被动式甚至回避式的报道方式,要积极回应,做到主动发声、"先发制人",第一时间对西方编造的事件进行有力回击和有效澄清,以积极的态度掌握国际传播话语权的主动性。中非媒体可利用各种新闻交流合作的机制平台,构建自己的话语体系,主动设置议题,讲好中非合作的故事,为中非关系发展不断积聚正能量。

最后,提高中国新闻从业者的新闻写作技巧,还原真实的非洲，正确引导大众舆论。要想讲好中国在非洲的故事，要不断提升新闻从业人员的采编能力和业务水平，提高新闻报道的质量和深度，改变受众对中非关系的刻板印象。中国常驻非洲记者要不断提高外语能力、深入当地调研采访，与非洲民众交朋友，讲好中非友好合作的故事。另外，应大力借助中非合作论坛、"一带一路"国际合作高峰论坛等下设新闻媒体合作机制，为非洲记者争取更多机会到中国进行实地考察并参加中国新闻报道业务培训，了解中国对非正面报道的采编流程，帮助非洲记者摒弃西方媒体涉非报道"报忧不报喜"的传统，在今后的报道中积极呈现非洲国家的经济和社会发展进程；而且通过非洲记者来华参访、培训，邀请他们利用自身外语优势将亲眼看到的、亲身感受到的中国故事向非洲民众讲出来，以呈现更加客观、公正的中非关系报道。例如，中国国际新闻交流中心非洲分中心项目，每年吸引数十个非洲国家媒体记者来华访问，为促进中非媒体深入交流提供了长期、有效的机制平台，为非洲记者了解一个更加真实、全面、立体的中国提供了机会，为维护中非友好合作、讲好中非自己的故事做出了重要贡献。

第五，要加强中非在互联网、新媒体，特别是社交媒体领域的合作与共识，重视非洲青年人在社交媒体上对中国在非华侨华人形象的认知和评论，并进行相应的舆情跟踪和舆情分析。

近年来，随着数字化和新技术的不断涌现，传统媒体和新媒体在非洲大陆上出现了融合趋势，非洲民众特别是青年人获得信息的方式越来越多样化。2019年3月31日，世界互联网统计数据显示，非洲约有4.7亿互联网用户，非洲互联网普及率达35.9%。其中非洲"脸书"（Facebook）社交媒体用户量约1.3亿人，98%的非洲用户采用移动终端访问社交媒体。美国的社交媒体"脸书""推特"（Twitter）等因为占据语言和国际影响力等优势，依然是非洲用户主要使用的社交媒体软件。因此，既要针对非洲民众在"脸书""推特"等社交媒体上对非洲华侨华人形象的认知、评论和转变开展相应的调查研究、跟踪和分析，更要加强中非在新媒体和社交媒体领域的深入合作。近年来，随着中非人员往来增加、中非人员商贸和民间交往密切，中国新媒体和社交媒体软件——微信国际版（WeChat）和抖音短视频国际版（TikTok）也逐渐受到了非洲民众的喜爱。自2018年下半年至2019年年初，抖音短视频外文版在海外一经推出，就迅速获得国际用户的青睐，下载量已超1200万次。目前抖音短视频国际版可在8个非洲国家下载和使用，这8个国家分别是埃及、阿尔及利亚、突尼斯、南非、肯尼亚、尼日利亚、安哥拉和加纳。其中，抖音短视频国际版在尼日利亚已超越西方国家相应的社交媒体软件，获得了当地年轻人的热爱和推崇。另外，网易和深圳智能手机品牌传音合作成立了传易公司，该公司旗下两款深受非洲青年人喜爱的产品用户量早已超数千万，这两款软件分别是立志打造非洲本土化短视频的软件 Vskit 和非洲最受欢迎的音乐流媒体 Boomplay，其中 Vskit 软件不仅支持英语、法语，还支持斯瓦希里语、阿姆哈拉语等多种非洲本地语言，传易公司还通过定期举行选秀、唱歌等比赛培养本土艺人，协助非洲当地短视频内容生产的转化。因此推动中非媒体在新媒体和社交媒体领域深入合作，将拓展中非媒体在国际传播领域的空间和影响力，有利于打破西方传统主流媒体垄断话语权的局面，增进中非人民特别是青年一代间的交流、更好地了解彼此的文化和传统习俗，为构建更加紧密的中非命运共同体创造有利的国际舆论环境和坚实的群众基础。

第六，要促进高校、智库、学术机构等在人文交流与合作中的积极作用，让更多中国专家、学者和青年教师在促进中非人文交流思想领域发声、建言和献策，不仅是行动上的走入非洲更是思想上的深入非洲。

加强中非学术界人员往来是促进中非思想交流和文明互鉴的重要措施，与此同时中非智库专家学者要实现知识共享，积极推进中非关系议题设置的调查和研究工作，开展联合科考和课题研究，学者要充分利用中非人文交流机制平台，例如，中非联合研究交流计划、中非智库"10 + 10"合作伙伴计划、中非高校"20 + 20"合作伙伴计划、中国非洲研究院相关研究课题与交流合作机会等。正如 2019 年 4 月 24 日，肯尼亚非洲政策研究所所长彼得·卡戈万加（Peter Kagwanja）到访中国非洲研究院时就曾表示，西方及少数不明真相的非洲媒体对中非关系的批评和误解具有一定误导作用，与中非关系的实际情况不符。他建议，中非之间可通过进一步加强人文交流，特别是学术交流，以消除非洲媒体及学界对中非关系的误解。卡戈万加认为，中国非洲研究院的成立将有助于推动中非人文交流、促进中非民心相通。并且，还要重视中非青年学生、青年学者间交流和学习的机会。正如习近平主席在 2018 年中非合作论坛北京峰会上所提到的"青年是中非关系的希望所在"，除了继续鼓励更多非洲青年参与"汉语桥"、去孔子学院学习汉语和了解中国文化以外，还要继续吸引更多非洲青年来华留学，更要鼓励中国青年到非洲学习和交流，要为中国青年学者到访非洲调研、访学、教学提供更多便利条件和机制平台，特别要鼓励具备自然科学和人文社会科学专业背景和专业知识的大学青年教师走进非洲大学的讲台，向非洲青年一代讲授和介绍中国发展模式的成功之道，以及中国自然科学和人文社会科学研究的热点和前沿，真正推动中非青年在思想领域的沟通。从思想领域上改变非洲民众对中国人形象的刻板印象，让更多非洲青年和普通民众有机会接触中国青年教师和学者的风采及其科研学术成果，改变他们对中国人"只喜欢赚钱""没有创新只会盗版""生产的都是假冒伪劣商品"等成见和偏见。

第七，大力促进中非图书出版和电影领域的合作，推动中非图书、电影出版和译介的"双向流动"，让中国图书和电影走进非洲的同时，将非洲图书和电影引进中国。

中国和非洲历来是休戚与共的命运共同体，中国与非洲加强图书出版和电影领域的合作将助力"一带一路"倡议和中非合作，有利于中非人民之间文明互鉴，不仅有利于中国民众更好地了解非洲社会文化、风土人情和宗教信仰，更有利于让非洲民众了解中国经济发展情况和中国普通民众的日常生活与状态，有利于改善非洲民众对中国人形象的认知。图书和电影不仅承载着国家形象和精神文化，而且将为提升中国在非洲文化软实力和影响力、促进中非民心相通做出巨大贡献。

随着中非关系的深入发展，对双方图书出版的需求也在不断提升，但限于翻译质量、版权问题和图书发行渠道等现实原因影响，中国图书走入非洲还存在一定现实困难。目前，特别是进入21世纪以来，非洲图书开始不断走入中国，每年国内出版的非洲主题的图书有近百种，图书类型也逐渐从学术类书籍向普通读物、游记和童书等转化，逐步适应了中国普通读者对了解非洲社会经济发展和风土人情的基本需求。

当前中非电影领域的合作主要以中国电影走入非洲为主，相对而言，对非洲电影的译介和引入相对较少。自2012年起，中国每年出资推动"中非影视合作工程"，由中国国际广播电台的"影视译制中心"每年用6个非洲当地主流语种——英语、法语、阿拉伯语、葡萄牙语、斯瓦希里语和豪萨语——译制中国的10部电视剧和52部电影，并在非洲国家发行和播出。其中每年精选的10部电视剧都需要译制成英语和法语两种通用语，每年还需用一种非通用语语种翻译其中一部电视剧，像该中心译制的《媳妇的美好时代》《北京爱情故事》《金太狼的幸福生活》《杜拉拉升职记》和《医者仁心》等国内热播电视剧在非洲同样受到了观众的喜爱并成为当地热议的话题。这些电视剧集中反映了改革开放以来中国家庭美好而幸福的日常生活，更展现了中国青年为争取美好生活而努力打拼、积极进取的精神状态，给非洲民众近距离了解当代中国青年一代的生活和工作情况提供了机会，也给非洲观众留下了深刻印象。不仅如此，中国电影还走进了非洲，2017年5月，环球广域传媒集团组织的"非洲万场户外电影放映工程——户外流动影院"又称"中国电影非洲行"正式启动。该工程计划用时3年，在非洲20多个国家放映3万场中国电影，这些中国电影就主要来自中非影视合作工程的片目，目前该项目的电影放映团队已经在南非、博茨瓦纳、赞比亚、纳米比亚、坦桑尼亚、卢旺达等国家试放映了数百场，深受当地民众喜爱，有力提升了中国的海外形象。2018年3月，中国电影周活动分别在加纳和科特迪瓦举行，活动期间共展映了7部中国电影——《十二生肖》《大武当之天地密码》《被偷走的那五年》《太极1：从零开始》《太极2：英雄崛起》《画皮2》《全民目击》，在加纳国家电视台和科特迪瓦国家电视台连续播放一周，为当地非洲民众了解中国历史文化和风土人情提供了机会。

第八，充分发挥民间交往的巨大作用，进一步增进民心相通。拓展民间交往领域是促进中非民众间广泛交流的有力手段，非洲留学生群体是连接中非友谊的重要桥梁，也是帮助改善中国人形象的最佳使者。

适当发挥非洲留学生在宣传中国人真实形象中的重要作用，让更多非洲年轻人亲身体会中国文化的博大精深和中国人民的善良热情，让他们将这份感动带给他们远在非洲的亲人和朋友。同时，充分发挥已毕业回国的非洲留学生的作用。2018年年初，本课题组成员在广州高校调研在穗非洲留学生情况时了解到，绝大多数高校只是为了实现学校国际化目标而大举扩招留学生。许多非洲留学生从中国高校毕业回国后，学校就不再同他们联系了，这样很难进一步发挥他们"民间使者"的作用。一些非洲留学生自发组织了留学生会，但因力量有限，组织效果和影响力也存在一定局限性。另外，由于非洲国家普遍社会经济发展较为落后，工业、基础设施和医疗技术水平不高，部分来华非洲留学生在中国学习了先进的专业技术和知识，但是回到非洲之后却发现没有用武之地，缺少对口专业的工作。因此今后应加强非洲留学生来华学习的产学结合，根据非洲实际发展需求培养对口岗位和对口专业学生，并且发挥留学生同学会的作用，为回到祖国的非洲留学生提供一定的就业指导和帮助。因此相关部门应促进中国非洲留学生校友会机制常态化、规范化，加强同已毕业的非洲留学生保持联系，积极发挥他们在所在国的宣传作用，使他们成为中非民众之间的友谊使者，建立起中国和非洲之间联系的桥梁，让更多人了解中国和中国人的真实形象，帮助中国树立良好的国家形象，提升中国的国际影响力。

第九，发挥各类华人协会和华人社团在团结非洲华侨华人、维护华人族群形象、保障华侨华人正当利益、传扬中华文化、获取当地政治话语权等方面的重要作用，从而促进中国与非洲各国的经贸合作和文化交流。

华侨协会和社团大量涌现是非洲华人新移民中的重要特征。21世纪以来，非洲各国华侨华人社团和协会蓬勃发展，不仅呈现出多种类发展态势，比如前文分析的南非比勒陀利亚华人协会包括宗教类协会、教育类协会、政治类协会、文化类协会、社会、体育和经济类协会等种类，其功能也经历了一个从传统到现代、从靠忠义维系社团到靠会章组织社团、从组织单一到组织多样、从生存诉求到多种诉求的发展过程。但正如分析中所见，当前越来越多华侨协会和社团影响力日益下降，非洲华侨华人的参与度也较低，特别是对年轻一代华人移民来讲，加入这些社团的吸引力越来越小。但在遥远的非洲，海外侨团和协会需要发挥其重要作用：一方面，其不仅要成为同乡联谊和交流互动的平台，主动承担起坚持和发展族群利益的社会责任，还应帮助非洲华侨华人在居住国在经济上融入主流渠道，在政策上提升影响力和话语权；另一方面，在非洲华人华侨与"中国根"联系日益稀疏且面对西式文化冲击之下，要帮助他们重新回归中华文化，要利用华人社团和协会这个重要纽带,通过开办中文学校等方式来加强对中华文化的宣扬和传播,使得非洲华侨华人更加了解中国历史和文化传统,增强自身的身份认同感。

第十,从长远角度而言,要提高国民教育特别是国民道德教育和中华优秀传统文化教育在中小学教育中的比重,提升民众对不同文化、不同民族和不同习俗的认知和尊重,提高民众外语和多语种语言学习的热情。

中非人民在交往过程中所面临的两大障碍一是文化不同,二是语言不通。中国与非洲大陆相距甚远,自古形成了不同的文明体系、文化风俗和宗教信仰。非洲各个国家之间更是文化迥异、习俗千姿百态,可谓"百里不同风,千里不同俗"。但是,中华民族之所以能够屹立在世界的东方、自立于世界民族之林就在于中华民族的团结统一、和而不同、兼容并包和自强不息。兼容并包的民族精神正是中华优秀传统文化最具生机活力的体现。因此要真正改善赴非华人形象,真正提升非洲华人对非洲不同文化和风俗的尊重和理解,要从中小学基础教育抓起,从道德教育和传统文化教育抓起,从改变中学非洲历史教育的教授方式和课本撰写抓起,要让民众认识到非洲不是只有殖民史,而是在西方殖民者到来之前,非洲就拥有着悠久历史和璀璨文明，以及现代以来非洲国家赢得民族独立和自主发展建设的辉煌历史，逐渐扭转民众对非洲"贫穷""野蛮""落后"和"战乱"的偏见，才能从根本上消除赴非华人对非洲民众的错误认知，避免中非人民因缺乏相互了解而产生矛盾、冲突与误解。正如习近平总书记所指出的，"中华优秀传统文化是我们最深厚的文化软实力，也是中国特色社会主义植根的文化沃土"；以及"人类只有肤色语言之别，文明只有姹紫嫣红之别，但绝无高低优劣之分"。中华民族伟大复兴的实现离不开中华优秀传统文化的滋养，中华民族兼容并包的胸怀，不仅缔造了一个伟大的多民族国家，而且不断地吸纳各种文化和宗教、推进了中华民族历史的向前发展。西方所鼓吹的"文明冲突论"和"自己的人种和文明高人一等"的谬论和认知是愚蠢的，要避免这种所谓的"文明论"对中国普通民众的侵蚀，要防止"唯我独尊"的倾向。

随着改革开放的不断发展，对外交往不仅仅是国与国之间、政府与政府之间，而且更多体现在不同国家民众之间，而熟练掌握外语是保障中非民众之间直接沟通的前提条件，这对增进中非民众间友谊、改善中国形象具有重要作用，因此需要提高民众对外语特别是多语种语言学习的热情。文明交流互鉴应该是多元的、多向的，不应该是单一的、单向的，建议在中学阶段开设法语、阿拉伯语、葡萄牙语等第二外语课程，改变第二外语学习以考试、考级为导向的课程设置和教学方式，重视口语和沟通实践。

　　非洲华侨华人所代表的中国形象取决于受众的客观感知、国际关系发展动态以及国家间意识形态差异等多重因素影响。身处纷繁复杂的世界格局当中，中国的国际形象——特别是中国在非洲的形象也深受由西方大国所主导的国际体系的影响。因此，塑造中国国家形象应从战略角度进行管理。正如习近平主席在2018年中非合作论坛北京峰会开幕式致辞中所强调的那样，"中非早已结成休戚与共的命运共同体"。积极塑造非洲华侨华人形象，有利于更好促进中非文明交流互鉴、交融共存，从而进一步拉近中非人民之间的距离。

参考文献

艾周昌编著：《中非关系史文选》，华东师范大学出版社1996年版。

艾周昌、沐涛：《中非关系史》，华东师范大学出版社1996年版。

伧父：《摩洛哥事件》，载《东方杂志》1911年第8卷第3期。

伧父：《摩洛哥与列强》，载《东方杂志》1911年第8卷第4期。

陈公元：《古代非洲与中国的友好交往》，商务印书馆1985年版。

陈翰笙主编：《华工出国史料汇编》第九辑，《非洲华工》，中华书局1984年版。

陈里特编著：《中国海外移民史》（微缩品），全国图书馆文献微缩中心2005年。

陈正良：《中国"软实力"发展战略研究》，人民出版社2008年版。

方积根：《非洲华侨史资料选辑》，新华出版社1986年版。

国务院侨办侨务干部学校编：《华侨华人概述》，九州出版社2005年版。

李安山编注：《非洲华侨华人社会史资料选辑：1800—2005》，香港社会科学出版社有限公司2006年版。

李安山：《非洲华侨华人史》，中国华侨出版社2000年版。

李安山：《非洲华人社会经济史》（上、中、下），江苏人民出版社2019年版。

李安山：《论"中国崛起"语境中的中非关系——兼评国外的三种观点》，载《世界经济与政治》2006年第11期。

李安山：《在非洲落地生根》，载《世界知识》，2000年第19期。

李安山：《中国新移民再议：以非洲为例》，载孙晓萌主编《亚非研究》2018年第1辑，社会科学文献出版社2018年版。

李安山：《中国援外医疗队的历史、规模及其影响》，载《外交评论》2009年第1期。

李长傅：《中国殖民史》（影印本），上海三联书店2014年版。

李杭蔚、施雪飞：《在非华侨的结社——以赞比亚华侨社团为例》，载李安山主编：《中国非洲研究评论（2017）》，社会科学文献出版社2018年版。

李鹏涛：《中非关系的发展与非洲中国新移民》，载《华侨华人历史研究》2010年第4期。

李其荣：《在夹缝中求生存和拓展—非洲华商发展的特点及原因》，载《广东社会科学》2013年第2期。

李新烽：《非凡洲游》（上下册），中国社会科学出版社2013年版。

李新烽：《非洲踏寻郑和路》，中国社会科学出版社2013年版。

李新烽主编：《郑和与非洲》，中国社会科学出版社2012年版。

吕挺：《非洲华侨华人新移民教育需求分析与供给模式探索》，载《华侨华人蓝皮书：华侨华人研究报告（2016）》，社会科学文献出版社2016版。

马桂花：《"中国在非洲"的媒体报道缺失初探》，载《对外传播》2010年第2期。

马文宽等：《中国古瓷在非洲的发现》，北京紫禁城出版社1987年版。

麦肯锡：《龙狮共舞》（中文版），2017年6月。

南部非洲上海工商联谊总会编：《追梦——上海人在非洲》，2014年。

邱进主编：《华侨华人研究报告》（2011），社会科学文献出版社 2011 年版。

沙伯力、严海蓉：《非洲人对于中非关系的认知》，载《西亚非洲》2010 年第 11 期。

沈晓雷、刘畅：《津巴布韦本土化政策及其对中资企业的影响》，载张宏明主编《非洲发展报告（2016—2017）》，社会科学文献出版社 2017 年版。

沈晓雷：《试析中国新移民融入津巴布韦的困境》，载《国际政治研究》2015 年第 5 期。

唐颖：《中国对非洲援助看中国在非洲形象塑造》，载《中外企业家》2015 年第 18 期。

王庚年主编：《CRI/CIBN 海外分台受众市场研究》，中国国际广播出版社 2013 年版。

魏建国：《此生难舍是非洲——我对非洲的情怀和认识》，中国商务出版社 2013 年版。

严海蓉、沙伯力：《中国在非洲：话语与现实》，社会科学文献出版社 2017 年版。

杨光主编：《中东非洲发展报告（2010—2011：解析中东非洲国家的"向东看"现象》，社会科学文献出版社 2011 年版。

袁南生：《走进非洲》，中国社会科学出版社 2011 年版。

约瑟夫·奈：《软实力》（马娟娟译），中信出版社

2013年版。

曾江：《中肯联合考古进入第二阶段：新发现有望改写非洲东海岸历史》，载《中国社会科学报》2012年7月30日。

张铁生：《中非交通史初探》，生活·读书·新知三联书店1965年版。

张忠祥：《现代中非关系史上光辉的一页——中国人民声援埃塞俄比亚人民抗意战争》，载《西亚非洲》1993年第2期。

郑一钧：《论郑和下西洋》（修订版），海洋出版社2005年版。

庄晨燕、李阳：《融入抑或隔离：坦桑尼亚华商与当地社会日常互动研究》，载《世界民族》2017年第2期。

［荷兰］戴文达：《中国人对非洲的发现》，商务印书馆1983年版。

［美］M. G. 马森：《西方的中国及中国人观念1840—1876》，中华书局2006年版。

［摩洛哥］伊本·白图泰：《伊本·白图泰游记》（马金鹏译），华文出版社2015年版。

［英］巴兹尔·戴维逊：《古老非洲的再发现》（葛佶、屠尔康译），三联书店1985年版。

Chris Alden, Daniel Large, and Ricardo Soares de Oliveirs

eds., *China Returns to Africa: A Rising Power and a Continent Embrace*, New York: Columbia University Press, 2008.

Deborah Bräutigam, "Close Encounters: Chinese Business Networks as Industrial Catalysts in Sub-Sahara Africa", *African Affairs*, No. 102, 2013.

Fay Chung, *Re-Living the Second Chimurenga*, Harare: Weaver Press, 2006.

Giles Mohan & Dinar Kale, *The invisible hand of South-South globalization: Chinese migrants in Africa*, A Report for the Rockefeller Foundation prepared by The Development Policy and Practice Department, The Open University, Milton Keynes, UK, 2007.

https://www.iom.int/wmr/world-migration-report-2018

Mary Olivia Tandon, "The Chinese in Zimbabwe", Paper for the World Chinese Conference, Mauritius, April 1992.

The Economist, Chinese workers and traders in Africa, https://www.economist.com/special-report/2018/05/17/chinese-workers-and-traders-in-africa.

World Migration Report 2018,

李新烽，中国社会科学院西亚非洲研究所所长、中国非洲研究院常务副院长，研究员，中国社会科学院研究生院西亚非洲系主任、博士研究生导师，《西亚非洲》杂志主编。出版《非洲踏寻郑和路》（中、英文版）、《郑和与非洲》等著作，发表中英文学术论文20余篇。曾是人民日报社驻南非首席记者，足迹遍布非洲大陆。其作品获中宣部第十届精神文明建设"五个一工程奖"、第十六届和第二十七届中国新闻奖、中国社会科学院2012年和2016年优秀对策信息一等奖、外交部2013年和2016年中非联合交流计划研究课题优秀奖等十余种奖项。

李文刚，男，中国社会科学院西亚非洲研究所社会文化研究室主任、副研究员。1972年生于陕西陇县。1995年获西北大学文博学院历史学学士学位。1998年获南开大学历史学硕士学位。1998年进入中国社会科学院西亚非洲研究所工作。2007年获北京大学国际关系学院国际政治专业法学博士学位。2009年，在爱丁堡大学社会与政治学院非洲研究中心做访问学者。从事非洲研究工作以来，参加多项合作研究课题，如撒哈拉以南非洲的宗教与政治、非洲民族问题研究、非洲列国志、世界现代化进程非洲卷、非洲黄皮书、中东非洲国家公民社会研究和中国在非洲的软实力建设等项目。主要的研究领域包括：尼日利亚国别研究、中国与尼日利亚关系、非洲伊斯兰教等问题。

沈晓雷，北京大学国际关系学院法学博士，中国非洲研究院（中国社会科学院西亚非洲研究所）助理研究员，主要从事非洲政治、非洲民族、非洲华侨华人、南非和津巴布韦国别问题研究。先后多次前往南非、津巴布韦、埃塞俄比亚和肯尼亚等非洲国家调研，在《西亚非洲》《国际政治研究》《世界民族》《国际政治科学》和《当代世界》等核心期刊发表论文多篇，翻译出版《龙的礼物——中国在非洲真实的故事》等多本著作。

张梦颖，中国社会科学院研究生院西亚非洲系博士研究生。先后在加拿大阿尔伯塔大学、英属哥伦比亚大学获经济学荣誉学士学位和经济学硕士学位。曾任中国社会科学杂志社编辑，发表《中东国家对非洲之角的介入与影响》《俄罗斯大踏步重返非洲》《中非关系的媒体作用：现状与提升》等多篇论文。合著有智库报告《中国与肯尼亚友好合作》《中非和平与安全合作》（中英文版），合作翻译智库报告《中非人文交流与合作》（英文版），该系列智库报告入选2018年中国社会科学院创新工程重大成果。参与的外交部2016年中非联合交流计划研究课题获优秀奖。

乔治·休斯顿（Gregory Houston），南非人文科

学研究理事会（HSRC）首席研究专家。先后获南非金山大学政治学硕士学位和纳塔尔大学政治学博士学位。曾任南非民主教育基金（SADET）执行董事和项目协调员，参与编辑该基金出版的六卷本丛书《南非民主之路》，出版独著《南非民族解放斗争：联合民主阵线的案例研究》，合著《南非民主治理中的公众参与》《解放之声：克里斯·哈尼》《自由的另一面：南非解放斗争中的希望与失去》。

玛丽·温策（Marie Wentzel），南非人文科学研究理事会（HSRC）民主、治理与服务交付研究项目的首席研究员。曾获斯泰伦博什大学历史系荣誉硕士学位，曾在斯泰伦博什大学负责南非工党的研究工作。拥有35年的学术研究经验，研究领域包括国际和国内移民以及南非政治历史，参与了众多重点学术和政策研究项目，曾合作编辑和合作撰写相关著作、多篇期刊论文、研究报告及国内外会议论文。

埃玛·维维尔（Elmé Vivier），诺丁汉特伦特大学责任与可持续商业实验室高级研究员。曾获比勒陀利亚大学领导力博士学位，曾在南非人文科学研究理事会（HSRC）民主、治理与服务交付部门及比勒陀利亚大学工作。研究领域包括公共领导力、地方治理以及社区和跨部门参与。合著有《自由的另一面：南非解放斗争中的希望与失去》。

余可（Ke Yu），南非约翰内斯堡大学教育学院副教授。先后获上海科技大学经济学学士学位、挪威经济与工商管理学院国际商务硕士学位及比勒陀利亚大学教育管理与政策研究博士学位。曾任南非人文科学研究理事会（HSRC）高级研究专家。研究领域主要包括知识生产、研究管理与影响，以及东方、西方与非洲文化和社会比较研究，参与撰写著作《跨文化传播策略：中非文化、身份认同及意识形态的作用》。